MARCO ⊕ POLO

HONGKONG
MACAU

MARCO POLO AUTOR
Hans-Wilm Schütte
Dr. Hans-Wilm Schütte, Chinapublizist und Sinologe, kann schon nicht mehr zählen, wie oft er in Hongkong war. Klar ist aber: Er kennt die Stadt länger als die meisten Hongkonger, seit 1973. Damals kam er für anderthalb Jahre zum Studieren. Seine Chinesischkenntnisse sind die Eintrittskarte zu den lebendigen traditionellen Seiten der Asienmetropole. Was ihm am besten gefällt? Das Essen.

DIE TOUREN-APP

zeigt, wo's langgeht,
mit Tourenverlauf und Offline-Karte

EVENTS & NEWS

clever und schnell auf dem Smartphone – tagesaktuell.
Events, News und neueste Insider-Tipps

HOLEN SIE MEHR AUS IHREM MARCO POLO RAUS!

SO EINFACH GEHT'S!

1 go.marcopolo.de/hon

2 downloaden und entdecken

GO!

OFFLINE!

6 INSIDER-TIPPS
Von allen Insider-Tipps finden Sie hier die 15 besten

8 BEST OF …
- 🟢 Tolle Orte zum Nulltarif
- 🔵 Typisch Hongkong
- 🟠 Schön, auch wenn es regnet
- 🟣 Entspannt zurücklehnen

12 AUFTAKT
Entdecken Sie Hongkong!

18 IM TREND
In Hongkong gibt es viel Neues zu entdecken

20 FAKTEN, MENSCHEN & NEWS
Hintergrundinformationen zu Hongkong

26 SEHENSWERTES
28 Zentrum & Peak 36 Wan Chai, Causeway Bay, Happy Valley 39 Westkowloon, Tsim Sha Tsui, Yau Ma Tei 45 Mong Kok 46 Außerdem sehenswert 49 Außerhalb

54 ESSEN & TRINKEN
Die besten Adressen

64 EINKAUFEN
Shoppingspaß und Bummelfreuden

SYMBOLE

- INSIDER TIPP Insider-Tipp
- ★ Highlight
- 🟢🔵🟠🟣 Best of …
- ☼ Schöne Aussicht
- 🌿 Grün & fair: für ökologische oder faire Aspekte
- (*) kostenpflichtige Telefonnummer

PREISKATEGORIEN HOTELS

€€€ über 200 Euro
€€ 130–200 Euro
€ bis 130 Euro

Die Preise gelten für ein Doppelzimmer pro Nacht ohne Frühstück

PREISKATEGORIEN RESTAURANTS

€€€ über 40 Euro
€€ 22–40 Euro
€ bis 22 Euro

Die Preise gelten für eine Mahlzeit pro Person ohne Getränke und teure Spezialitäten

INHALT

74 **AM ABEND**
Wohin ausgehen?

80 **ÜBERNACHTEN**
Adressen von günstig bis luxuriös

88 **ERLEBNISTOUREN**
88 Hongkong perfekt im Überblick 92 Wunder des Alltags 95 Spuren der Geschichte 98 Ginseng, Kunst und Schwalbennester

100 **MACAU**

112 **MIT KINDERN UNTERWEGS**
Die besten Ideen für Kinder

114 **EVENTS, FESTE & MEHR**
Alle Termine auf einen Blick

116 **LINKS, BLOGS, APPS & CO.**
Zur Vorbereitung und vor Ort

118 **PRAKTISCHE HINWEISE**
Von A bis Z

126 **SPRACHFÜHRER**

130 **CITYATLAS & STRASSENREGISTER**

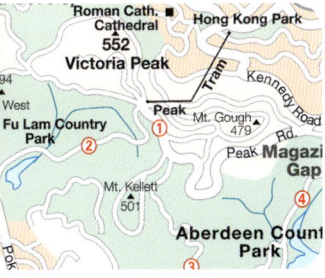

154 **REGISTER & IMPRESSUM**

156 **BLOSS NICHT!**

GUT ZU WISSEN
Die Schnupfenfalle → S. 22
„Duftender Hafen"? → S. 25
Einfach mal Auszeiten → S. 39
Lesehunger & Augenfutter → S. 43
Fit in the City → S. 47
Sport-Schau → S. 52
Lieblings(adr)essen → S. 58
Spezialitäten → S. 60
Nur nicht (ver)schlafen → S. 86
Feiertage → S. 115
Währungsrechner → S. 119
Was kostet wie viel? → S. 121

KARTEN IM BAND
(132 A1) Seitenzahlen und Koordinaten verweisen auf den Cityatlas
(O) Ort/Adresse liegt außerhalb des Kartenausschnitts
Es sind auch die Objekte mit Koordinaten versehen, die nicht im Cityatlas stehen Umgebungskarte S. 142/143, Karten Macau und Taipa/Coloane S. 148–151
(U A1) Übersichtskarte auf dem hinteren Umschlag

(🕮 A–B 2–3) verweist auf die herausnehmbare Faltkarte
(🕮 a–b 2–3) verweist auf die Zusatzkarte auf der Faltkarte

UMSCHLAG VORN:
Die wichtigsten Highlights

UMSCHLAG HINTEN:
U-/S-Bahn-Plan Hongkong

Die besten MARCO POLO Insider-Tipps

Von allen Insider-Tipps finden Sie hier die 15 besten

INSIDER TIPP Voll, laut, lecker, lustig – yam cha!
Sonntagmittags beim Dimsum-Schnabulieren im Teehaus entfaltet sich Hongkongs Lebensfreude zu voller Blüte – das ist Hongkong-Erlebnis pur → S. 55

INSIDER TIPP Hinein ins Getümmel!
Shoppen, essen, Filme gucken: Der Stadtteil *Causeway Bay* mit seinen Einkaufstempeln, Restaurants und Kinos ist der große Feierabendmagnet (Foto o.) → S. 76

INSIDER TIPP Götterunterhaltung
Beim *Bun-Fest* auf Cheung Chau feiert die ganze Insel zu Ehren ihres Schutzpatrons, des Nordkaisers. Da gibt es auch für Besucher viel zu bestaunen → S. 114

INSIDER TIPP Ein Tag Strandurlaub
Der ist zum Beispiel auf einem der bewachten Strände des autofreien Lamma Island drin. Am besten bleibt man gleich da und übernachtet im *Concerto Inn* → S. 87

INSIDER TIPP Lichter der Großstadt
Gipfelpunkt einer Hongkong-Reise: Das Stadt- und Hafenpanorama vom Peak-Rundweg ist ohnehin schon atemberaubend, aber in der *Abenddämmerung* wird der Ausblick einfach überwältigend schön → S. 33

INSIDER TIPP Schnuppermitglied im Jockeyclub werden
Das geht mit dem *Tourist Badge*. Und die Atmosphäre bei Hongkongs großem Wettvergnügen schlägt echt in Bann – zu erleben auf der Pferderennbahn von Happy Valley → S. 38

INSIDER TIPP Bergpfade und Brandungsrauschen
Kein Hochhaus weit und breit, kein Auto und nicht mal eine Hochspannungsleitung: Eine Tageswanderung zur abgelegenen Bucht *Tai Long Wan* – mit zwei tollen Stränden – präsentiert Hongkong von einer ganz unerwarteten Seite (Foto re.) → S. 53

INSIDER TIPP **Meeresschätze und Stelzenbauten**
Beides gibt es im Fischerdörfchen *Lei Yue Mun*. Sie können es nur zu Fuß durchstreifen, aber mit der U-Bahn ist es gut erreichbar → S. 51

INSIDER TIPP **Wallfahrt der Schiffsschreine**
Am *Geburtstag der Tin Hau* holen sich Hongkongs Schiffer den Segen der „Himmelskaiserin" bis zum nächsten Jahr → S. 114

INSIDER TIPP **Wunder des Alltags**
Die gibt's bei einem Spaziergang durch den Stadtteil *Yau Ma Tei* zu entdecken. Hier trifft man noch auf Exotik fern der internationalen Warenwelt → S. 93

INSIDER TIPP **Biologisch-dynamischer Hafenblick**
Vegetarisches mit Stadtpanorama: Das bietet nur das *Kung Tak Lam*, ein schickes, aber nicht teures Chinarestaurant in einem Kowlooner Hochhaus → S. 58

INSIDER TIPP **Sich fühlen wie ein Kolonialherr**
Das können Sie beim nachmittäglichen *High Tea* im berühmten Peninsula Hotel → S. 43

INSIDER TIPP **Drachen, gibt's die?**
Aber ja, und beim Mittherbstfest unterm Vollmond tanzen abends sogar *Feuerdrachen,* die richtig qualmen! → S. 115

INSIDER TIPP **Meeresfrüchte, Wein und frische Luft**
... und nicht zu vergessen ein Bootstörn per Sampan durch das Insellabyrinth des Rocky Harbour: Ein Ausflug nach *Sai Kung* zeigt Ihnen, wie erholsam Hongkong sein kann → S. 53

INSIDER TIPP **Was in Macau passiert, bleibt in Macau**
Die verrückten Kasinopaläste von *Cotai* in Macau glitzern erst im Dunkeln richtig Vegas-mäßig – also stürzen Sie sich für einen Abend in das Spektakel! → S. 110

BEST OF ...

TOLLE ORTE ZUM NULLTARIF
Neues entdecken und den Geldbeutel schonen

SPAREN

● *Im Skulpturengarten*
Woanders müssen Sie etwas zahlen, um Kunst zu sehen, aber im *Kowloon Park* stehen moderne Plastiken für jedermann zugänglich beisammen. Hier wie übrigens in allen Hongkonger Parks ist der Eintritt frei → S. 42

● *Geschichte entdecken*
Der Gratiseintritt, den die staatlichen Museen bieten, verspricht nirgends mehr an einmaligen Erlebnissen als im *Museum of History*. Hier sind ganze Szenen und Gebäude im Maßstab 1 : 1 aufgebaut, und sogar Geräusche und Gerüche versetzen die Besucher in die Vergangenheit zurück → S. 42

● *Hafenblick andersrum*
Auch wenn der Blick vom Peak unvergleichlich ist: Die Aussicht vom *Dach der IFC Mall* ist leichter erreichbar und gratis zu haben. Hier sind Sie viel näher dran am Hafen mit dem eifrigen Schiffsverkehr und komplett von der kribbelnden Atmosphäre der Hochhausmetropole umgeben (Foto) → S. 30

● *Da laust einen ja der Affe*
Hongkongs *Zoological and Botanical Gardens* sind kostenlos zu erleben. Die Hauptattraktionen in der gepflegten, schattigen Anlage mit gelegentlichen Ausblicken auf den Hochhausdschungel sind die aparten Ibisse und die Orang-Utans → S. 36

● *Ins klassische China eintauchen*
Das geht umsonst im buddhistischen *Chi-Lin-Nonnenkloster* mit seinem über 1100 Jahre alten Baustil, den goldenen Bildnissen und dem wunderbaren Nan-Lian-Garten, der zu ihm gehört → S. 47

● *Den Grand Prix erleben*
Wer das Rennen „in natura" verpasst hat, kann den Macau Grand Prix samt seiner Geschichte und heißem Fahrerlebnis im *Grand-Prix-Museum* gratis haben → S. 103

●●●● Diese Punkte zeichnen in den folgenden Kapiteln die Best-of-Hinweise aus

TYPISCH HONGKONG
Das erleben Sie nur hier

● *Durch den Hafen schippern*
Mit der *Star Ferry* – Hongkongs Verkehrsinstitution Nummer eins! Zwar ging ihre Bedeutung mit dem U-Bahn-Bau zurück, aber von Tsim Sha Tsui nach Wan Chai oder Central gelangt man nach wie vor nicht schöner als mit den rundlichen Booten, die vorwärts wie rückwärts fahren → S. 26

● *Stadtrundfahrt für 30 Cent*
Mit der *Straßenbahn* – der Verkehrsinstitution Nummer zwei! Bequemer, billiger und typischer bekommen Sie keine Einblicke ins Hongkonger Leben, als wenn Sie auf dem Oberdeck durch die Straßenschluchten von Hong Kong Island rollen → S. 26

● *Hoch hinaus*
Nämlich am Zugseil der *Peak Tram* (Foto) – der Verkehrsinstitution Nummer drei! Spätestens wenn sich mit zunehmender Höhe immer mehr das Prachtpanorama entfaltet, ist klar: Es war gut, nach Hongkong zu kommen → S. 33

● *T-Shirts kaufen, Wahrsager befragen ...*
... oder Opernarien hören. Dies und vieles mehr hat der allabendliche Nachtmarkt in der *Temple Street* zu bieten. Auch er ist eine Institution → S. 79

● *Dimsum probieren*
Die kantonesischen Leckereien zum Tee gibt es nirgends typischer und fremdenfreundlicher als im *Maxim's Palace* in der City Hall. Am allertypischsten geht es sonntags zu: laut und trubelig → S. 59

● *Shoppinglabyrinthe*
Nach dem neuen It-Piece stöbern können Sie prima im *Island Beverley* und im *Causeway Place*. Die Miniboutiquen voll trendiger Mode zeigen Hongkongs Platzproblem – und den Ideenreichtum der Stadt → S. 69

● *Einarmige Banditen vor Barockgemälden*
Diese kuriose Kombination bietet Macau, das Las Vegas des Ostens, in seinem verrücktesten Kasino-Hotel-Theater-und-Shopping-Palast: dem *The Venetian* auf Cotai → S. 103

BEST OF ...

SCHÖN, AUCH WENN ES REGNET
Aktivitäten, die Laune machen

● *Trocknen Haupts durch Central*
Wo kommt man, ohne nass zu werden, bei Regen ohne Schirm weiter als im *Central District*? Gedeckte Fußgängerbrücken ermöglichen kilometerlange Wanderungen, und auch auf dem Central Escalator bleiben Sie überdacht → S. 28

● *Durch Macaus Geschichte wandern*
Macau ist stolz auf seine Geschichte und die Essenz davon zeigt das *Macau Museum* – vieles sogar im Maßstab 1 : 1! Mindestens über zwei Regenstunden tröstet das locker hinweg → S. 106

● *Neues Design entdecken*
Das Designzentrum *PMQ* mit seinen Studios und Läden ist immer ein spannendes Ziel für urbane Trendsetter. Hier zeigt sich Hongkong von seiner kreativsten Seite → S. 34

● *Millionär spielen*
Und zwar in der Halle des ehrwürdigen *Mandarin Oriental*. Beim englischen Tee lässt sich herrlich ein Regennachmittag verbummeln. Hier können Sie Leute beobachten, etwas lesen und das Luxusambiente genießen, ohne dass es gleich die Welt kostet → S. 83

● *Schaufensterbummel auf elf Etagen*
Oder sind es sogar zwölf? Jedenfalls reicht das überdachte Shoppingvergnügen im *Times Square* von mehreren Untergeschossen bis zum 9. Stock. Und wer danach Hunger hat, muss auch nicht ins Freie gehen, um sich zu stärken (Foto) → S. 67

● *Träumen*
Jedenfalls schlägt die *City of Dreams* in Macau dies schon im Namen vor. Hier lässt sich im Kasino von Gewinnen träumen, in den Luxusläden davon, wie man sie wieder ausgibt, und am besten bleiben Sie gleich noch da zur Show „The House of Dancing Water" → S. 103

REGEN

ENTSPANNT ZURÜCKLEHNEN
Durchatmen, genießen und verwöhnen lassen

● *Sich kneten lassen*
Fußmassagen werden in Hongkong vielerorts angeboten. Bei *Iyara* gibt's noch manches Wohlfühlangebot mehr – bis hin zu mehrstündigen Behandlungen – und das in superzentraler Lage am Central Escalator → S. 39

● *Tee trinken*
Die kantonesisch-Hongkonger Teekultur lässt sich am besten bei einer Verkostung im *Lock Cha Tea House* genießen. Die freundliche Atmosphäre und ein leichter Imbiss tragen noch extra zu einer entspannenden Erholungspause bei → S. 73

● *Auf dem Diwan liegen ...*
... dann den Kopf aufstützen und, leicht schaukelnd, eine Stunde lang das Hochhauspanorama vom Wasser aus an sich vorbeiziehen lassen: So gemütlich können Sie es bei einer Rundfahrt auf der Dschunke *Aqua Luna* haben → S. 124

● *Polster, Cocktail, Shisha*
Das *Vibes* im Innenhof des Hotels Mira spricht Tänzer wie Genießer gleichermaßen an, verführt mit seinen Sofas, Getränken und Wasserpfeifen aber doch eher zu Bequemlichkeit – wohlverdient nach einem langen Tag! → S. 79

● *Am Strand faulenzen*
Hongkong bietet dazu ja jede Menge Gelegenheiten. Am leichtesten erreichbar ist die *Repulse Bay*. Es gibt nichts Schöneres, als sich auf einer der Badeinseln liegend von den sanften Wellen wiegen zu lassen. Programm: Augen schließen, Wasser und Sonne auf der Haut spüren und sich wie in der Südsee fühlen (Foto) → S. 48

● *Träumen mit Musik*
Wenn im romantischen *Jardim de Lou Lim Ieoc* das Grillenorchester zirpt oder in einem Pavillon Laienmusiker aufspielen, legen Sie sich auf eine Bank und genießen ein paar Glücksminuten → S. 105

AUFTAKT

ENTDECKEN SIE HONGKONG!

Kein Zweifel: Hongkong bedeutet Fernostfaszination. Eine bestimmte Vorstellung davon hat wohl jeder. Man erwartet eine *hochmoderne, internationale Metropole*, deren dynamische Wirtschaft sich in einem Wolkenkratzerwald manifestiert und deren Oberschicht sich im Rolls-Royce chauffieren lässt. Andererseits hofft man auf Chinaexotik, Fremdartiges, Rätselhaftes. Und mit all dem liegt man gar nicht so verkehrt. Die chinesische Metropole mit 155-jähriger britischer Tradition ist gleichzeitig weltläufig und faszinierend anders. Hier ist *Chinesisches britisch geprägt*, hier vermischt sich Profitstreben mit altchinesischen Werten, und zu Wirtschaftsfreiheit und Arbeitsdisziplin gesellen sich Kultur und Genuss. Nur das Klischee von der Verbrechenshochburg, in der Geheimgesellschaften die Fäden ziehen, darf man getrost vergessen. In Hongkong geht es geordneter zu als in vielen europäischen Großstädten.

Erst mal erlebt man die Stadt vor allem als Herausforderung. Das Gedränge auf den Wegen, der Automief in den Straßenschluchten, der von den *himmelstrebenden Fassaden* widerhallende Lärm der Busgeschwader, Betonmischer und Presslufthämmer in dieser ewig hektischen Metropole ... Mancher Besucher ist nach zwei Tagen Shopping und einer Stadtrundfahrt erleichtert, wieder abreisen zu können.

Bild: Blick vom Peak

Okay, man versäumt dabei weder Paläste noch romantische Ruinen, weder berühmte Museen noch lauschige Plätze. Hongkongs Rekorde wirken eher nüchtern: Die Stadt ist Asiens zweitgrößte Finanzmetropole (nach Tokio), hat die *höchsten Ladenmieten der Welt,* die U-Bahn mit der welthöchsten Verkehrsleistung pro Kilometer, den viertgrößten Containerhafen des Globus und einige der höchsten Hochhäuser der Welt. Die Wahrheit aber ist: Hongkong selbst ist eine einzige Attraktion mit seinem *Wechsel von Bergen und Wasser,* seinen Hochhäusern, seinen kulinarischen Genüssen. Es kommt einem schon wie ein Wunder vor, dass dieses Kapitalistendorado am Rücken des chinesischen Riesen überhaupt funktionieren konnte – auf einem verzwickten Terrain, das für alles taugt, bloß nicht für eine Millionenmetropole.

> **Rekorde wirken eher nüchtern – Hongkong selbst ist die Attraktion**

Für eine Erfolgsstory fehlten dem Ort unter dem Wendekreis des Krebses zunächst alle Voraussetzungen. Als die Briten die Insel *1841 als Kriegsbeute* besetzten, planten sie einen Stützpunkt, aber keine Großstadt. Schon bald zeigte sich: Es mangelte an bebaubaren Flächen und an Umland zur Versorgung der sich zügig entwickelnden Stadt. Die Insel sei bloß ein „kahler Fels mit kaum einem Haus drauf", rügte seinerzeit Viscount Palmerston im britischen Parlament. Darum weiteten die Briten ihr Beutestück

Am Einkaufszentrum Times Square: Auf zum Kaufrausch!

AUFTAKT

auch noch zweimal aus: zuerst 1860 um die *Halbinsel Kowloon* – wie zuvor die Insel wurde sie „auf ewig" von China abgetreten – und 1898 um das angrenzende *Festland und weitere Inseln*. Dies sind die „New Territories", die noch heute so genannt werden. Mit ihnen wuchs Hongkong auf das Zehnfache – beschränkt auf 99 Jahre.

Hongkongs Hauptdaseinszweck war von Anfang an das Geschäftemachen, und davon profitierten auch viele Chinesen, die ihre von einer Krise in die nächste taumelnde Heimat verließen und schon bald nach der Gründung begannen, sich hier niederzulassen. Beim Bürgerkrieg und dem Vordringen der Kommunisten (1947–49) schwappte eine riesige *Flüchtlingswelle* herein. Bald verschwanden die Berghänge unter Slums. Die erste Aufgabe, um die Kolonie nicht im Chaos versinken zu lassen, war also der Bau von Sozialsiedlungen – doch wo war der Platz dafür? Schon im 19. Jh. hatte man begonnen, *Neuland* aufzuschütten; die Queen's Road, einst erste Uferstraße, liegt heute bis zu 650 m vom Wasser entfernt. Ganze Buchten sind verschwunden und Berge abgetragen worden. Noch immer wächst Hongkong jährlich um einen oder mehr Quadratkilometer. Vor allem musste man neue Städte in die ländlichen *New Territories* bauen. Dort lebt heute fast die Hälfte der Gesamtbevölkerung von 7,3 Mio. Menschen.

> „Kahler Fels mit kaum einem Haus drauf"

Die *Hochhaussiedlungen* mögen Außenstehenden nicht gefallen, doch es gibt dazu keine Alternative. Viele Hongkonger kennen die früheren Elendssiedlungen noch aus eigener Erfahrung. Die europäischen Luxuskarossen, die heutzutage auf den Parkdecks vieler Hochhauskomplexe abgestellt sind, zeugen übrigens von einem erstaunlichen *Wohlstand* der Bewohner. Die in Europa oft erwähnten Wohnkäfige, in die sich vor allem ältere Erwerbslose pferchen müssen, sind dagegen eine Randerscheinung. Die Kunst, sich *auf engem Raum* zu arrangieren, müssen außer den superrrreichen Villenbewohnern fast alle Hongkonger beherrschen.

Hongkongs zweite Herausforderung war das Verkehrsproblem. Zum Territorium gehören 263 Inseln, und selbst das große Stück Festland ist durch Halbinseln, Berge und tiefe Buchten extrem zerklüftet. Erst ab 1980 trat dank der *U-Bahn* und zahlreicher *Tunnel* eine deutliche Verbesserung ein. Die neusten Superprojekte: eine unterirdisch verlaufende Hochgeschwindigkeitsbahn nach China und eine Brücken-Tunnel-Verbindung übers Meer bis Macau.

Das dritte große Dilemma war der Trinkwassermangel. In regenarmen Jahren musste rationiert werden. Heute sichern zwei ***dem Meer abgerungene Mammutreservoirs*** sowie eine Wasserleitung aus China die Versorgung. Am schnellsten erledigte sich das vierte Problem: die Arbeitslosigkeit. Im Geldverdienen war man ja geübt. Außerdem hatte Hongkong 1949 Shanghai als chinesisches ***Handels-, Produktions- und Finanzzentrum*** beerbt und stellte für das kommunistische China fast das einzige Tor zur Welt dar – für die kapitalistische Enklave eine einträgliche Erwerbsquelle. In den 1990ern wanderte dann jedoch fast die gesamte Industrie über die Grenze nach China ab. Viele Hongkonger pendeln seitdem nach Shenzhen zur Arbeit.

Heute präsentiert sich das Territorium als ein Ort unwahrscheinlicher Kontraste. ***Supermoderne Technik und chinesische Tradition,*** Großstadt und einsame Berge, Lärm und Stille – hier findet sich alles eng beieinander. Da werden neben dem Eingang zu einem hippen Nachtclub mit Hightechinstallationen in einem kleinen Blechschrein dem Gott der Türen, der Erde und des Reichtums Orangen und Weihrauch als Opfer dargebracht. Angestellte mit Smartphone und im schicken Anzug fahren auf den Friedhof, um die Gräber der Ahnen zu fegen, und gleich hinterm letzten 25-stöckigen Hochhaus beginnt subtropisches Dickicht, in dem tagsüber prächtige bunte Schmetterlinge flattern und nachts die Grillen zirpen. Am meisten Eindruck macht aber die ***Dynamik der Stadt,*** ihre

> **Angestellte im schicken Anzug fegen die Gräber der Ahnen**

Fähigkeit, neue Ideen und Pläne fast im Handumdrehen in die Tat umzusetzen. Die neueste Mode hängt hier schon in den Geschäften, bevor sie in Europa überhaupt ausgepackt ist. Die Zeiten, als die Hongkonger Tag für Tag von früh bis spät durcharbeiteten und sich zum Vergnügen allenfalls mal einen Mahjongg-Abend gönnten, sind allerdings vorbei. Die Stadt ist eine ***Genussmetropole*** geworden, vor allem für Feinschmecker. Auswärts zu essen, gehört zum Alltag und in riesigen Shoppingtempeln lebt man seine Konsumbegeisterung aus. Zwei traditionelle Laster werden außerdem mit ungebrochener Leidenschaft gepflegt: die Pferdewetten und das Glücksspiel im benachbarten Macau.

Macau! Diesen ***ältesten europäischen Außenposten in Fernost*** zu besuchen, gehört bei einer Hongkong-Reise normalerweise dazu. Das kleine Territorium, das 1999 und damit gut zwei Jahre später als Hongkong an China zurückgegeben wurde, ist nicht etwa eine Minifassung des ehemals britischen Gegenübers an der Perlflussmündung. In Macau sind die Zeugen der jahrhundertelangen portugiesischen Präsenz viel zahlreicher und lebendiger als die viel jüngeren Hinterlassenschaften Großbritanniens in Hongkong. Auch wenn es heute vor allem die gigantischen Glücksspielpaläste sind, die die meisten Touristen nach Macau locken. Sie haben ihm den Ruf des ***asiatischen Las Vegas*** verschafft.

AUFTAKT

Beide Städte kommen vielen Besuchern so oder so völlig verwestlicht vor, aber bei genauerem Hinsehen hält sich dieser Eindruck nicht. Zwar ist auch nach Hongkongs „Heimkehr" 1997 einiges aus britischer Zeit geblieben: die Währung, die Zweisprachigkeit, das Rechtssystem, die visumfreie Einreise und die Grenze zum neuen Mut-

Ein Stück chinesischer Tradition: Morgengymnastik im Victoria Park

ter- und alten Vaterland. Dazu tragen Straßen wie die Queen's Road oder Prince Edward Road noch ihre alten Namen. Doch nur eine Minderheit der Einwohner spricht leidlich gut Englisch. Die Hochhäuser sind Marke Eigenbau, errichtet mithilfe von traditionellen Bambusgerüsten. Und noch immer wird Familiensolidarität großgeschrieben. Die Stadt und ihre Menschen sind modern und technikbegeistert, aber was nicht altchinesisch ist, sollte man darum noch nicht für westlich halten.

Auf Streifzügen durch den Hochhausdschungel erstaunt einen vor allem das hohe Maß an sozialer Ordnung. Die propere

Hongkongs größtes Wunder: das Prachtpanorama vom Peak

U-Bahn ist ebenso sicher wie graffitifrei. Fahren Sie auch hinaus auf die *Inseln*, wandern Sie über die *Berge*, entdecken Sie die *Strände*. Genießen Sie die Meeresfrüchte und all die anderen Köstlichkeiten der hiesigen Küche. Zwei Tage Hongkong sind immer schrecklich. Bleiben Sie eine Woche und Sie werden noch eine zweite dranhängen wollen. Wenn Sie aber wirklich nur einen halben Tag Zeit haben, dann fahren Sie auf den Peak. Das *Prachtpanorama* zeigt, was die Stadt und ihre Menschen leisten mussten und geleistet haben. Das ist Hongkongs größtes Wunder. Seidenblusen kaufen können Sie auch zu Hause.

IM TREND

1 Die Bier-Revolution

Handwerksbier Hongkong schwimmt auf der Craft-Bier-Welle. Mikrobrauereien scheren sich bei den Zutaten um kein Reinheitsgebot mehr, sondern lassen vielmehr beim Erfinden neuer Geschmäcker ihre Kreativität aufblühen. Da werden auch notorische Biermuffel schwach. Inzwischen gibt es an die zehn solcher Gerstensaftquellen. Selbst manche Satellitenstadt oder das autofreie Lamma Island sind mit von der Partie. Bekannte Namen sind *Young Master Ales*, *Moonzen* und *Mak's*, abgezapft und ausgeschenkt wird auch in etlichen Kiezbars.

2 Jung und wild

Mode Die Stadt ist verrückt nach frischen Modetrends. Wichtig sind Nachwuchsdesignerwettbewerbe wie der „Young Designers Contest" auf der *Hong Kong Fashion Week* (www.hktdc.com). Dort wurden schon Talente wie *Mountain Yam* (www.facebook.com/112mountainyam) *(Foto)* und Mim Mak mit seinem Label *Hang* (www.hanggggggg.com) entdeckt. Ein ganz neues, viel beachtetes Forum für junge Modemacher ist die Schau *Centrestage* (www.centrestage.com.hk).

3 Her mit der Shisha

Wasserpfeife schmauchen Oder ist das schon ein Gegentrend? Denn Rauchen ist in Hongkong ziemlich out und nicht einmal mehr in Parks erlaubt. Doch seit sich Istanbul zu einer Urlaubsdrehscheibe für Touristen aus Fernost entwickelt hat, stehen die prachtvollen orientalischen Inhalationsgeräte auf den Freisitzen vieler Lokale, und das nicht nur im Kneipenviertel Lan Kwai Fong. Ganz billig ist der Spaß übrigens nicht, aber überall lockt eine Vielfalt von Aromen. Daher bleibt es oft nicht bei einer Pfeife.

In Hongkong gibt es viel Neues zu entdecken. Das Spannendste auf diesen Seiten

Design, Design!

Kreativpower Jetzt wird ordentlich Dampf gemacht auf dem Weg zur Designmetropole, auch jenseits von Mode. Die Initialzündung kam vom Jockey Club, der mit den Pferdewetteinnahmen das *Jockey Club Creative Arts Centre (www.jccac.org.hk)* in Shek Kip Mei, einer Sozialsiedlung, finanziert. Gleich drei Nummern größer ist die Designabteilung der *Polytechnic University* im *Innovation Tower (Chatham Road South)*, einem spektakulären Entwurf von Zaha Hadid. Gemeinnützige Organisationen, Privatwirtschaft und Politik bündeln hier ihre kreativen Kräfte. Nutzen aus diesem Spirit zieht auch *GOD (Goods of Desire)*, ein Pionier des Hongkonger Produktdesigns vom Möbel bis zum Mauspad. Mal sehen, wie's weitergeht ...

4

Superfood Quinoa

Grünfutter Gesundes Essen ist auch in Hongkong im Trend und ein Restaurant, das was auf sich hält, wird unbedingt das glutenfreie südamerikanische Pseudogetreide Quinoa auf die Karte setzen. Das Gemüse dazu kommt dann möglichst aus biologischem Anbau in Hongkong selbst. Um die wenigen Flächen, die dafür noch in den New Territories frei sind, effizient zu nutzen, passiert dies in Hydrokultur-Gewächshäusern nach neuesten wissenschaftlichen Methoden. *Farm Direct (www.farmdirect.hk)*, der führende Anbieter, verkauft seine Frischware in eigenen Läden. Aber auch Hobbygärtner ziehen mit: Bei der *Fruitful Organic Farm (Kam Sheung Road | Yuen Long | www.flowerworldhk.com)* kann man sich sein eigenes Fleckchen Ackerland mieten. Mehr zu Bioadressen in Hongkong findet sich unter *www.greenqueen.com.hk*.

5

FAKTEN, MENSCHEN & NEWS

BAUHINIA, DIE SCHÖNE

Ist Ihnen schon mal Hongkongs rot-weiße Flagge aufgefallen? Das Ornament darauf zeigt die „Stadtblume", die Blüte eines Bauhiniabaums. Und ja: Sie ist wirklich schön. Im Winter, von November bis März, ziert sie mit ihren Rosaviolett-Tönen die Straßen und Plätze. Sogar in Gold gibt es sie: Das Monsterteil neben dem Kongress- und Messezentrum kam als Geschenk der chinesischen Regierung.

COUNTRY PARKS

Wer Hongkong nicht kennt, mag es kaum glauben: Es gibt so viel Grün, dass tagelange Bergwanderungen möglich sind. Zu verdanken ist das den 24 *Country Parks,* Landschaftsschutzgebieten, die ab 1976 zur Sicherung der Wasserreserven ausgewiesen wurden. Sie verteilen sich auf Hong Kong Island, Lantau und das Festland, machen 40 Prozent der Landfläche aus und bestehen aus teils bewaldetem, teils grasbewachsenem Bergland. Wanderer freuen sich über markierte Wege, Zeltplätze, Unterstände, Grillplätze, Infotafeln und Besucherzentren, die praktischen Rat und Einblick in Flora und Fauna geben. Vier Hauptwanderwege *(Trails)* führen zu den schönsten Stellen; einzelne Etappen sind per Bus erreichbar. Wegen möglicher Begegnungen mit Schlangen nur mit festem Schuhwerk wandern!

Nähere Informationen erhalten Sie im Netz auf *short.travel/hon21* sowie auf

Bild: Drachentanz beim chinesischen Neujahrsfest

Schutzpatron und Opium: Ein paar Hintergrundinfos zu dem, was Ihnen in der Sonderverwaltungszone begegnet

www.afcd.gov.hk/eindex.html; die besten amtlichen Landkarten dazu gibt es auch in digitaler Form unter *short.travel/hon17*.

GLÜCKSSPIEL UND PFERDEWETTEN

Jeder Lottospieler kennt den Kitzel, der sich einstellt, wenn man Fortuna herausfordert. Die Glücksgöttin ist in Hongkong und Macau zwar unbekannt, aber das schmälert nicht die Leidenschaft, wenn es darum geht, mit wenig Einsatz einen Haufen Geld einzustreichen. In Hongkong gibt es dafür nur zwei legale Möglichkeiten: Mahjongg zu spielen oder beim Pferderennen zu wetten. Mahjongg wird vorwiegend zu Hause gespielt. Man braucht dazu immer vier Leute. Es gibt spezielle Mahjongg-Tische, die gerade die richtige Größe und für jeden Spieler eine Schublade für Gewinne und Einsätze haben. Denn Mahjongg ohne Gewinnreiz wäre Kinderkram. Noch etwas ernsthafter geht es in den Mahjongg-Salons zu. Um hohe Einsätze wird aber auch dort

nicht gespielt. Sonst nämlich müssten die Gewinne versteuert werden.
Die Begeisterung der Hongkonger für den Rennsport wiederum ist überhaupt nur dadurch zu erklären, dass man darauf Wetten abschließen kann. Den Hong Kong Jockey Club machten die ständig sprudelnden Einnahmen zur finanzkräftigsten Wohltätigkeitsinstitution. Richtig ausleben kann man seine Spielleidenschaft aber erst in Macau. Vor allem dank der Neureichen vom chinesischen Festland – viele davon durch Korruption zu Geld gekommene Amtsträger – hat sich die einstige portugiesische Überseeprovinz zum größten Spielerparadies der Erde entwickelt.

HÖLLENGELD UND FENGSHUI

Schaffe ich die Abschlussprüfung? Finde ich einen tollen Partner fürs Leben? Wird die neue Stelle ein Erfolg? Als Hongkonger würden Sie in all diesen Fällen erst einmal in den Tempel gehen und Weihrauch opfern, vielleicht auch Obst oder Lampenöl mitbringen und dann noch ein Orakel konsultieren. Die Götter helfen jedem, der genug Kleingeld springen lässt, je mehr, desto besser. Und wer noch mithilft, sind die verstorbenen Großeltern, beispielsweise. Die Oma dankt es Ihnen, wenn sie es im Jenseits gemütlich hat. Deshalb baut man Hausmodelle aus Papier, die beim Verbrennen ins Jenseits fliegen. Ebenso funktioniert das „Höllengeld", mit dem die „Höllenrichter" bestochen werden. Dann entgehen die guten Vorfahren allen Strafen für eventuelle Fehltritte.

Einen Eindruck vom Ahnenkult bekommen Sie in den Totengedenkhallen mit käuflichen Stellplätzen für die Ahnentafeln, etwa im Man-Mo-Tempel. Beim Tempelbesuch sollten Sie linksherum durch die Gebäude gehen und am Ende eine kleine Geldspende hinterlassen. Wer außerdem auf die oft nur kleinen Zeug-

DIE SCHNUPFENFALLE

Welcher Restaurantbesitzer möchte schon den Ruf weghaben, ausgerechnet bei der Klimatisierung zu knausern? Also kommt man dann nassgeschwitzt in Räume, die einem schon nach einer Viertelstunde eiskalte Schauer über den Rücken jagen. Spätestens am dritten Tag ist die Erkältung da. Deshalb immer eine Strickjacke oder ein Sweatshirt mitnehmen!

FAKTEN, MENSCHEN & NEWS

Platz oder Sieg? Auf der Rennbahn hofft so mancher Hongkonger, aufs richtige Pferd zu setzen

nisse des Volksglaubens achtet, z. B. die Minischreine unten an den Türen und die Schreine in vielen Läden, entdeckt ganz traditionelle Seiten an der supermodernen Metropole.

Damit wären wir beim Fengshui, „Wind und Wasser". Angeblich haben die Fengshui-Meister ja viel zu sagen, wenn es darum geht, ein Hochhaus (oder Wohnhaus) so zu platzieren und zu gestalten, dass sich die günstigen Einflüsse darin sammeln und die bösen, die Armut und Krankheit bringen, fern bleiben. Gebaut wird allerdings überall, wo's erlaubt ist, und so hoch, wie es geht, Fengshui hin oder her. Noch kein Fengshuimeister hat je ein Hochhaus verhindert. Worum es wirklich geht, ist ein gutes Image.

MONDKALENDER

Chinas traditionelle Feste richten sich fast ausnahmslos nach einem Mondkalender, dessen Jahr 354 oder 355 Tage hat. Eigentlich ist er ein Mond-Sonnen-Kalender, denn der Jahresbeginn wird alle 33 bis 35 Monate durch Einfügen eines Schaltmonats an das Sonnenjahr angepasst. Deshalb beginnt Chinas Mondjahr immer mit dem ersten Neumond nach dem 21. Januar. Generell ist zu Neumond und Vollmond in vielen Tempeln mehr los als sonst. Auch am Straßenrand wird dann Opfergeld in roten Blecheimern verbrannt.

NIX VERSTEHEN

Lauter Chinesen auf der Straße? Stimmt, aber Chinesen sehen es anders: lauter Kantonesen. In der Tat, unter den 94 Prozent Chinesen (von 7,3 Mio. Einwohnern) sind sie die bei Weitem tonangebende Mehrheit – und unverständlich für andere Chinesen. Auch die Boulevardpresse schreibt im Dialekt, so etwas gibt's nicht mal beim Schwyzerdütsch. Hier und in Macau ist Kantonesisch sogar Amtssprache und kommt bei Lautsprecherdurchsagen in Bus oder U-Bahn immer vorneweg. Finden Sie nicht, dass es ein bisschen wie Dänisch klingt? Übrigens: Englisch ist die zweite Amtssprache und junge Leute sprechen es meistens recht gut.

in Kanton lagerte, vernichten. Großbritannien fasste die Aktion als Kriegserklärung auf: Der Erste Opiumkrieg begann. 1842, im Frieden von Nanking, musste China vier weitere Häfen für den Über-

Beim Wahrsager im Man-Mo-Tempel schnell noch mal klären, wann's im Job besser wird

OPIUMKRIEG

Wenn die Engländer nicht schon vor 200 Jahren solche Teeliebhaber gewesen wären, gäbe es Hongkong heute womöglich gar nicht. Der Tee nämlich kam aus China. Der Handel damit aber war eine Einbahnstraße: Das Reich der Mitte kaufte nichts von den Briten – bis die den Einfall mit dem Rauschgiftschmuggel hatten. Das Geschäft mit indischem Opium florierte. Immer mehr Chinesen wurden süchtig und es floss mehr Silber aus China ab, als durch den Teeexport hereinkam.

Da schickte der Kaiser einen unbestechlichen Beamten nach Kanton: Lin Zexu. 1839 ließ dieser sämtliches Opium, das seehandel öffnen und der britischen Krone die Insel Hongkong abtreten – „auf ewig". 18 Jahre später, beim Zweiten Opiumkrieg, kam dann Kowloon hinzu (bis zur Boundary Street); die New Territories folgten 1898 als Pachtgebiet.

ORAKEL UND WAHRSAGEKUNST

Die einfachste und billigste Form des Orakels kann man oft in Tempeln beobachten: Dabei hält der Fragende zwei nierenförmige Hölzer in den Händen und bewegt sie vor dem Altar zunächst auf und ab, wobei im Stillen die Frage an die jeweilige Gottheit formuliert wird. Dann wirft er sie auf den Boden. Je nachdem,

FAKTEN, MENSCHEN & NEWS

ob sie nun mit ihrer runden oder mit ihrer flachen Seite nach unten liegen bleiben, bedeutet dies „ja", „nein" oder „unentschieden". Für etwas kompliziertere Fragen gibt es das Stäbchenorakel: Dazu schüttelt man eine Dose mit nummerierten Stäbchen, bis eins herausfällt. Der Tempelwahrsager schaut dann unter der Nummer dieses Stäbchens in einem Buch nach und deutet den darin stehenden Spruch gemäß dem Anliegen, das der Gläubige vorträgt.

Manchmal an einen Tempel angeschlossen, aber auch unabhängig davon, arbeiten Physiognomen, die die Zukunft aus dem Gesicht lesen, oder Chiromanten, die sie aus den Handlinien bestimmen. Auch dressierte Vögel werden für Orakel eingesetzt; sie ziehen aus einem aufgefächerten Stapel Papier mit Orakelsprüchen eins hervor.

TYCOONSCHICKSALE

„Großer Herr" bedeutet das japanische Wort „taikun", gemeint ist ein superreicher Unternehmer. Gerade Hongkong ist berühmt für seine Tycoons, die hier gern mal in den Schlagzeilen landen wie anderswo die royale Prominenz. Lee Ka-shing, Jahrgang 1928, ist so einer, ein Immobilien- und Handelsmogul mit einem Vermögen von 30 Mrd. Dollar. Er kam im Krieg als Flüchtlingskind und musste, da sein Vater starb, schon mit zwölf Jahren arbeiten gehen: in einer Fabrik für Uhrarmbänder. Das Startkapital für seine Karriere als Geschäftsmann kam bald darauf von einem Onkel. Li lebt bescheiden und spendet immer wieder Hunderte von Millionen Dollar für wohltätige Zwecke.

Anders lief es bei Nina Wang, die eine Ehrenmedaille von Hongkongs Klatschpresse verdient hätte. Sie heiratete den Richtigen. Ihr Mann wurde zweimal entführt. Das erste Mal klappte es mit dem Lösegeld, das zweite Mal nicht, da blieb er verschwunden. Und als er nach einigen Jahren für tot erklärt wurde, übernahm sie das Geschäft – mit Erfolg! Für Schlagzeilen sorgte sie schon mit ihrem Auftreten: Nur 152 cm groß, trug sie bis kurz vor ihrem Tod 2007 gern Minirock und eine Pippi-Langstrumpf-Frisur. Als ihr späterer Liebhaber ein Testament präsentierte, das ihn zum Erben machte, knallten bei der Regenbogenpresse erneut die Sektkorken – wie bei den Anwälten, die ein jahrelanger Rechtsstreit prächtig alimentierte. In den 318 m hohen Nina Towers (ihr Projekt!) lebt der Name dieser bemerkenswerten Frau fort.

„DUFTENDER HAFEN"?

Als die Briten zum ersten Mal nach Hongkong kamen, bunkerten sie Frischwasser an einer Anlegestelle bei Aberdeen, wo Adlerholz umgeschlagen wurde, ein Grundstoff für Weihrauch. Auf die Frage, wie denn der Ort heiße, antworteten die ansässigen Bootsleute in ihrem Dialekt: „Hongkong", Weihrauchhafen.

Die Briten aber glaubten, das wäre der Name für die ganze Insel, und übersetzten das *hong* (kantonesisch *höng,* hochchinesisch *xiang*), was sowohl „Duft" wie „Weihrauch" bedeutet, fälschlich mit *fragrant,* „duftend". Das Missverständnis wurde erst gut 140 Jahre später aufgeklärt und hält sich weiterhin hartnäckig.

SEHENSWERTES

🏙 WOHIN ZUERST?

Statue Square (137 E3) (🕮 C11): Das Zentrum vom Zentrum, markiert durch das Old Supreme Court Building, das HSBC-Gebäude und das elegante Mandarin Oriental. Im Süden hält die Straßenbahn, im Untergrund treffen sich vier U-Bahn-Linien. Mit dem Prince's Building an der Westseite des Platzes beginnt das Netz von Fußgängerbrücken, das einen Großteil vom Central District erschließt und nordwärts zum Turm des International Finance Centre mit Shoppingmall und Hafenblick sowie weiter zu den Fähranlegern führt.

Nur keine Angst vor Hitze, Regen und dem allgegenwärtigen Mief! Die Wege sind nicht weit, um das echte Hongkong zu erleben – das moderne wie das exotische und traditionelle in Stadtvierteln wie Yau Ma Tei oder Sheung Wan.

Zwischendurch bieten die Parks ruhige Erholungsplätze, die Einkaufszentren gekühlte Luft und einige Museen Horizonterweiterung. Wer die Stadt sitzend statt schwitzend erleben will, nimmt die nostalgischen Verkehrsmittel: Die ● *Straßenbahn* (136–137 C–F 1–3, 138–139 A–F 2–4) (🕮 A–H 10–12) verbindet seit 1904 die Stadtteile im Inselnorden miteinander, und die rundlichen Fährboote der ● *Star Ferry* (134 B6, 137 E–F 1–2) (🕮 C–D 9–10) pendeln schon seit 1898 zwischen Tsim Sha Tsui und Central.

Bild: Wong-Tai-Sin-Tempel

Zwischen Peak und Hafen: Glitzernde Bankpaläste, weihrauchgeschwärzte Tempel – und es gibt noch mehr zu entdecken

Nicht nur bei Regen bietet sich ein Besuch in den Museen an. Dass die keinen weltweiten Ruf genießen, sollte nicht darüber hinwegtäuschen, wie sehenswert sie sind. Denn zum einen haben spendable Mäzene wunderbare Kunstschätze gestiftet und zum anderen bringt eine super Ausstellungstechnik den Besuchern in den staatlichen Häusern auch kulturell Fremdes nahe. Und Bedeutenderes ist schon im Entstehen: im West Kowloon Cultural District *(www.westkowloon.hk/en)*! Die ständigen Ausstellungen des Museum of Art, des Museum of History und einiger anderer Museen sind gratis zu sehen. Eine Übersicht über weitere, darunter für Medizin, Polizei und Eisenbahn, finden Sie unter *www.discoverhongkong.com/de* (Menüpunkt „Erleben & Unternehmen/Kultur & Erbe"). Auch viele weiter entfernte Ziele sind mit den schnellen, klimatisierten Zügen der U-Bahn MTR sowie der Kowloon-Kanton-Bahn rasch erreicht. Der Höhepunkt der Genüsse ist freilich eine Fahrt zum Gipfel: mit der Seilbahn auf den Peak.

ZENTRUM & PEAK

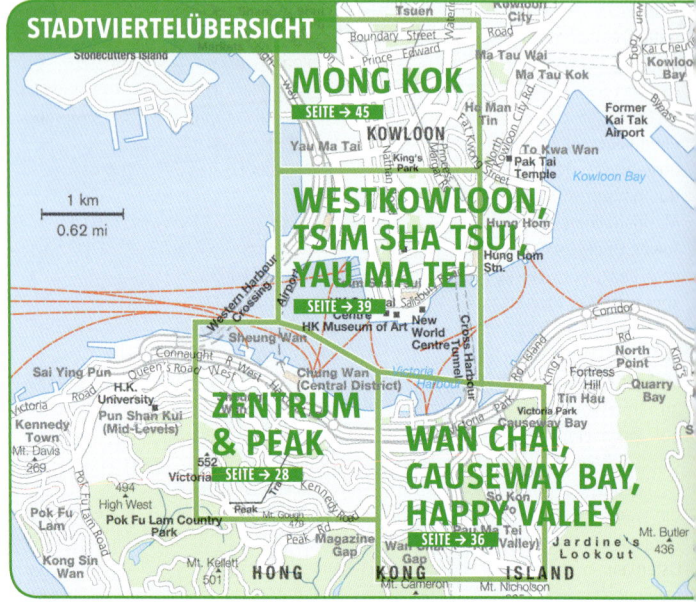

STADTVIERTELÜBERSICHT

Die Karte zeigt die Einteilung der interessantesten Stadtviertel. Bei jedem Viertel finden Sie eine Detailkarte, in der alle beschriebenen Sehenswürdigkeiten mit einer Nummer verzeichnet sind

ZENTRUM & PEAK (中環, 山頂)

Hier ist die Keimzelle der früheren Kronkolonie, hier wurde erstmals die britische Flagge gehisst.

Hier entstand mit der einst Victoria genannten Stadt an und oberhalb der Queen's Road (beide benannt nach Königin Victoria) der Vorläufer des heutigen Central Districts, der zusammen mit dem östlich angrenzenden Admiralty-Gebiet das Herz des Hongkonger Geschäftslebens bildet. Nach Westen und Osten gelangt man zu einigen der ältesten, buntesten und am dichtesten besiedelten Wohnviertel der Stadt, bergan wird es grüner, vornehmer und teurer.

● *Central District:* Kilometerweit können Sie hier über Brücken spazieren und durch Gebäude hindurchlaufen, ohne auf das Straßenniveau hinabsteigen zu müssen. Hongkongs gute Stube, im Schatten der platzbeherrschenden Hongkong Bank, ist der *Statue Square* (137 E3) (*C11*). Sonntags veranstalten hier und in den angrenzenden Straßen die philippinischen Hausmädchen der Stadt ein Riesenpicknick. Westlich des Platzes liegt der älteste Teil von Central mit dem in Umnutzung befindlichen *Central Market* (137 D2) (*C11*), von wo aus die 880 m lange Rolltreppenstraße des *Central Escalator* in die Wohnviertel der Midlevels hinaufführt. Das Land nördlich der Connaught Road wurde seit

SEHENSWERTES

den 1970er-Jahren aufgeschüttet und bebaut. Der 420-m-Turm des *International Finance Centre* markiert es wie ein riesiges Ausrufezeichen. Am Edinburgh Place im Nordosten des Statue Square steht in ehemaliger Uferlage die *City Hall* mit Veranstaltungssälen. Nach Osten folgt das Bürohausviertel *Admiralty* (auf einstigem Marinegelände) mit dem Bank of China Tower. Überragt wird der Central District vom Peak, dem Villenviertel mit Hongkongs größter Attraktion: dem Panoramablick auf Hafen und Stadt.

Sheung Wan (136 C2) (*m* B10–11) schließt westlich an den Central District an. Trotz vorrückender Bürobauten ist dort noch einiges an alter Hongkong-Exotik lebendig. Die Höhepunkte fasst die Erlebnistour Nr. 4 zusammen.

Der bequemste Platz, um im Inselnorden (bis weit über Causeway Bay hinaus nach Osten) einen Eindruck vom Stadtleben zu gewinnen, ist das Oberdeck der Straßenbahn. Sie ist mit ihren Doppelstockwaggons, die auch als rollende Plakatwände dienen, selbst eine Sehenswürdigkeit. Die idealen Sitze oben vorn ergattern Sie problemlos an einer Endhaltestelle, z. B. am Western Market. Bahnen nach Shau Kei Wan und Kennedy Town fahren am weitesten, solche nach Happy Valley enden in einer reizlosen Zweiglinie.

■1 CENTRAL HARBOURFRONT (中環海濱) ★ (137 E–F 2–3) (*m* C–D11)

Mit einem Park am Wasser und einer Promenade gewinnt die Insel ab Star-Ferry-Pier ostwärts seit 2013 schrittweise ein völlig neues Gesicht – und Besucher wie Einwohner erhalten mehr Platz und Luft zum Atmen. Dazu gehört am Westende eine große Aktionsfläche, die voraussichtlich noch mindestens bis Ende 2017 von einem Riesenrad markiert wird *(Observation Wheel | tgl. 11–23 Uhr | 100 $ pro 20-Minuten-Dreh)*. Ebenfalls Teil des Projekts ist das markante, als riesiges Tor gestaltete Regierungs- und Verwaltungszentrum *(Central Government Offices)* 600 m weiter östlich, in dem außer der

---

MARCO POLO HIGHLIGHTS

★ **Hong Kong Park**
Oase im Hochhausdschungel → S. 30

★ **Peak-Rundweg**
Atemberaubendes Stadtpanorama
→ S. 33

★ **Museum of Art**
Kulturschätze aus China und moderne Kunst aus Hongkong → S. 42

★ **Museum of History**
Erleuchtung für Museumsmuffel
→ S. 42

★ **Central Harbourfront**
Hongkongs freundliches neues Gesicht
→ S. 29

★ **Mong Kok**
Der Stadtteil der Märkte – sogar mit Fußgängerzonen
→ S. 45

★ **Ocean Park**
Gondelfahrt und Delphinschau mit Meerblick in Hongkongs schönstem Freizeitpark
→ S. 47

★ **Stanley**
Hongkongs südlichste Ortschaft lockt mit dem Kleidermarkt, der Promenade, Bars und Restaurants → S. 48

★ **Wong-Tai-Sin-Tempel**
Opfertrubel und Wahrsagerei → S. 49

★ **Lantau und Po-Lin-Kloster**
Lange Strände und ein Riesenbuddha auf Hongkongs größter Insel → S. 50

ZENTRUM & PEAK

Stadtregierung auch die gesetzgebende Versammlung, das Legislative Council, ihren Sitz hat. Wenn das Wetter passt, ist die Hafenfront mit ihrem Park ein wunderbarer Ort zum Entspannen und Faulenzen. Bei den Rasenflächen gilt: Betreten erwünscht! *MTR Central, Admiralty*

2 CENTRAL POLICE STATION
(前中區警署) (137 D3) (*B–C11*)
Die ehemalige Zentrale Wache (mit angeschlossenem Gefängnis) bildet Hongkongs größtes erhaltenes Ensemble von Altbauten im Kolonialstil. Erbaut wurde es zwischen 1864 und 1925. Bis Ende 2017 entsteht hier unter Wahrung der historischen Bausubstanz ein schickes neues Zentrum für Galerien und Gastronomie. *Hollywood Road | 荷李活道 | Ecke Arbuthnot Road | MTR Central*

3 EXCHANGE SQUARE UND IFC MALL
(交易廣場 UND 國際金融中心商場) (137 D–E2) (*C11*)
Superschick und riesig ist dieser Publikumsmagnet im Central District: Neben Luxusläden, Restaurants und einer gewaltigen Halle mit Check-in-Schaltern des Flughafens locken in der *IFC Mall* herrliche ● ☼ INSIDER TIPP Dachgärten – Hafenpanorama gratis! Gehen Sie zwischen Turm 1 und 2 zum hafenseitigen Oval Atrium und gleiten Sie dort mit den Rolltreppen hoch auf die Ebenen 3 (Hafenblick) und 4 (Gastronomie, Dachgarten). Hier wie dort kann man eine Pause einlegen, ohne etwas zu verzehren. Haben Sie sich auf der Wasserseite sattgesehen, schauen Sie bergwärts: Hinter der Fassade aus roséfarbenem Granit und silbernen Fensterbändern geht es oft heiß her. Der *Exchange Square* beherbergt Hongkongs Aktienbörse, eine der wichtigsten der Welt. *MTR Central*

4 HONG KONG PARK (香港公園) ★
(137 E3–4) (*C–D 12–13*)
Durch Hongkongs schönsten Stadtpark spaziert man im Schatten alter Bäume zu Gewächshäusern mit Tropen- und Wüstenklima oder lässt sich in einer riesigen Freiflughalle, durch die auf Baumwipfel-

Der Exchange Square. Hier pocht das Herz der Finanzmetropole

SEHENSWERTES

SEHENSWERTES IM ZENTRUM UND AUF DEM PEAK

1. Central Harbourfront
2. Central Police Station
3. Exchange Square und IFC Mall
4. Hong Kong Park
5. Man-Mo-Tempel
6. Maritime Museum
7. Old Supreme Court Building
8. Peak
9. PMQ
10. St. John's Cathedral
11. Statue Square und Finanzzentrum
12. Western Market
13. Zoological and Botanical Gardens

höhe ein Zickzacksteg führt, von 150 südostasiatischen Vogelarten umschwirren. Nahe dem Standesamt am Westrand des 10 ha großen Parks posieren Brautpaare fürs Foto. Am Ostende gleiten Rolltreppen hinab in das Einkaufszentrum *Pacific Place*. Im *Flagstaff House*, dem ältesten Kolonialbau der Stadt, zeigt das *Museum of Tea Ware* – Hongkongs liebenswertestes Museum – historisches Teegeschirr in allen Variationen mit vielen Kuriositäten. Obendrein geben große Farbfotos, historische Illustrationen und Texte einen Einblick in die Entwicklung der chinesischen Teekultur. Im Baustil angepasst wurde der wenige Schritte entfernte Neubau mit der *K. S. Lo Gallery*, einer von dem Mäzen Lo gestifteten kleinen Porzellan-

ZENTRUM & PEAK

und Siegelsammlung. *Beide Museen Mi–Mo 10–18 Uhr | Eintritt frei | 19 Cotton Tree Drive | 紅棉路 19 | MTR Admiralty | Ausgang C1, Zugang zum Park über Brücke ins Einkaufszentrum Pacific Place, weiter über Rolltreppen aufwärts, oben rechts ab* im rechten Schrein noch der Stadtgott. Er meldet den zehn Höllenrichtern (hinterm Eingang links), wie sich ein Verstorbener zu Lebzeiten betragen hat. Da ist es stets eine gute Idee, ihn schon vorab immer mal mit einem Opfer milde zu stimmen.

Hong Kong Park: Besuchersteg in der Freiflughalle – auf Baumwipfelhöhe!

5 MAN-MO-TEMPEL (文武廟)
(136 C2) (*B11*)

Geradezu winzig wirkt der Tempel zwischen den Hochhäusern, aber hier ist oft viel los. Und das nicht nur, weil Rundfahrtbusse immer mal wieder eine Ladung Touris absetzen. Vor allem kommen die Hongkonger selbst und sorgen für Nachschub beim Weihrauch, der den Göttern signalisiert: Hier hat jemand ein ernstes Anliegen. Vorn auf dem Hauptaltar der Haupthalle (ganz links) stehen nämlich in prächtigem Ornat zwei mächtige Schutzpatrone, die zuständig sind für das Zivile (kantonesisch: man) und für das Militärische (mo). Links außen hilft Bao Gong gegen Ungerechtigkeit, und dann ist da Viele Frauen zieht es eher in die mittlere Halle, denn dort finden sie Verständnis bei der buddhistischen Barmherzigkeitsgöttin Guanyin – egal, ob es um Kummer mit den Kindern oder Ärger mit dem Mann geht. Hier und rechts nebenan kann man sich auch Rat bei Wahrsagern holen. Die Halle rechts fungiert aber vor allem als Ahnentempel. Im rückwärtigen Raum (hinter einer quer stehenden „Geisterwand" verborgen) kostet der Platz für eine „Geistertafel" mit dem Namen des Verstorbenen bis zu 180 000 $! Die Erlöse gehen an ein Spital. *Tgl. 8–18 Uhr | 124–126 Hollywood Road | 荷李活道 124–126 | MTR Sheung Wan*

SEHENSWERTES

6 MARITIME MUSEUM
(海事博物館) (137 E2) (*m* C11)

Im stillgelegten Pier 8 dokumentiert das Seefahrtsmuseum mit Modellen, Originalteilen, Reproduktionen und audiovisuellen Medien die Seefahrt in Fernost und zeigt, wie das Hongkonger Hafenwesen im letzten Jahrhundert war. *Mo–Fr 9.30–17.30, Sa, So 10–19 Uhr | Eintritt 30 $ | www.hkmaritimemuseum.org | MTR Central*

7 OLD SUPREME COURT BUILDING
(舊最高法院大樓)
(137 E3) (*m* C11–12)

Der kuppelgekrönte Bau entstand von 1899 bis 1910 als oberster Gerichtshof. Zwischenzeitlich anders genutzt, ist er seit 2015 tatsächlich wieder Sitz des obersten Berufungsgerichts. Es ist das letzte Gebäude im Zentrum in typisch viktorianischem Kolonialstil. Vor der Erfindung der Klimaanlage hielten die zweigeschossigen Säulenumgänge das Innere kühl, und auch bei Regen konnten die Fenster offen bleiben. Den Westgiebel ziert die Justitia mit Waage, Schwert und Augenbinde. *Statue Square | 皇后像廣場 | MTR Central*

8 PEAK (山頂)
(136 A–C 3–5) (*m* A–B 12–13)

Hier muss man mindestens einmal im Leben gewesen sein, hier überkommt selbst diejenigen das große Staunen, die zu staunen verlernt haben. Und wer zu Fuß aufsteigt, den kostet es nicht einmal einen Penny. Peak, so heißt die ganze Gipfelregion um die mit 552 m höchste Erhebung der Insel (136 B4) (*m* A12). Im 19. Jh., als Tropenkrankheiten in Hongkong noch ein Problem waren, galt der Peak unter den Kolonialherren als einzige Wohngegend, in der man gute Chancen hatte, den Sommer zu überleben. Chinesen war die Ansiedlung bis 1945 verboten. Einmal muss man unbedingt mit der alten Standseilbahn, der Peak Tram, hinauffahren. Oben kommen Sie im *Peak Tower* (136 C5) (*m* B13) an, einem Komplex aus Läden, Restaurants, Terrassen und anderen Verlockungen. Ignorieren Sie am besten den ganzen Peak Tower und gehen Sie vom Ausgang nach rechts in die schmale Lugard Road. Denn nur wer über diesen Fußweg etwa 800 m weit bis zum INSIDER TIPP **Steilhang** (136 B–C3) (*m* A12) läuft, erlebt das Panorama in seiner ganzen Pracht. In der INSIDER TIPP **Abenddämmerung** ist der Blick schlicht überwältigend. Für den gesamten ★ *Peak-Rundweg* (keine Steigungen) brauchen Sie ohne Pausen knapp eine Stunde. Ein Aufstieg zum Gipfel lohnt kaum. Nicht versäumen: eine Rast im *Peak Lookout* (s. S. 63).

Sind Sie gut zu Fuß, sollten Sie bei Tag über den erstaunlichen *Central Green Trail* zurückkehren. Gehen Sie am Peak Tower vorbei nach Osten *(Findlay Road)*. Halten Sie sich bei einer Gabelung talseitig *(Severn Road)*. Biegen Sie beim Schild links ab in den *Hospital Path* (137 D5) (*m* C13). An dessen Ende gehen Sie ein Stück nach rechts. Am Ende des Parkplatzes informiert eine Tafel über den Trail, der von dort über den Chatham Path durch subtropischen Dschungel abwärts führt – immer wieder mit tollem Blick auf den Hochhausdschungel. Wo der Pfad auf einen quer verlaufenden stößt, gehen Sie rechts. Die folgende Route quert zweimal die Peak-Tram-Strecke und geht über Clovelly Path, Brewin Path und Tramway Path. Sie endet an der Talstation. *Dauer 1–1½ Stunden; bei feuchtem Grund ist der Weg gefährlich rutschig!*

● *Peak Tram:* Zwei klimatisierte Doppelwaggons pendeln, von je einem 1500 m langen Kabel gezogen, zwischen der Talstation an der Garden Road (137 E3–4) (*m* C12) und der 400 m

ZENTRUM & PEAK

Das Old Supreme Court Building, der Oldie unter den Gebäuden am Statue Square

hoch gelegenen Bergstation und überwinden dabei eine Höhendifferenz von 367 m. Etwaiger Nervenkitzel wäre unbegründet: Es gab seit der Inbetriebnahme im Jahr 1888 noch nie einen Unfall. *Peak Tram 32 $, Rückfahrt 45 $ | Verzichten Sie auf den teuren Sky Pass!*

9 INSIDER TIPP PMQ (元創方)
(136 C2) (*B11*)

Das neue Hauptquartier der Designer. Hier, in einem ehemaligen Wohnheim für verheiratete Polizisten (Police Married Quarters), gibt's in Ateliers und Läden auf zweimal sieben Etagen die aktuellen Trends der Kreativszene. Immer ist viel Witziges dabei und die Gastronomie kommt auch nicht zu kurz. Gratis Pause machen können Sie auf dem Dachgarten des neuen Mittelflügels, der die zwei Blocks verbindet. Ins PMQ sollte man übrigens nicht vormittags kommen. Dann haben die meisten Läden noch zu. *Aberdeen Street/Ecke Staunton Street | 鴨巴甸街/士丹頓街 | www.pmq.org.hk*

10 ST. JOHN'S CATHEDRAL
(聖約翰座堂) (137 E3) (*C12*)

Die anglikanische Hauptkirche Hongkongs wurde 1849 eingeweiht und 1869–72 verlängert. 1944/45 richteten die japanischen Besatzungstruppen hier ein Kasino ein. Die Innenausstattung und die Fenster mussten daher später nahezu komplett erneuert werden. Der neugotische Bau verschwindet heute fast zwischen den Hochhäusern. *4–8 Garden Road | 花園道 4–8 | MTR Central*

11 STATUE SQUARE UND FINANZZENTRUM (皇后像廣場 UND 國際金融中心) (137 E2–3) (*C11–12*)

Nett, dieser Platz mit seinen Sitzbänken, Brunnen und Beeten, aber das ist es nicht, warum man hierherkommt, ins Herz der Metropole. Was zählt, liegt hinter den Fassaden. Hier pochen die Arterien der Finanzwelt so konzentriert wie nirgends sonst auf dem Globus. Heben Sie den Kopf und schauen Sie sich um, dann können Sie vergleichen, wie inter-

SEHENSWERTES

nationale Star-Architekten das Finanzthema auf spannend unterschiedliche Weise baulich verpackt haben. Stellen Sie sich dazu am besten auf die Brücke, die im Südteil des Platzes (bergwärts) ein Wasserbecken überspannt.

Haben Sie den Hafen im Rücken, dann fällt der Blick geradeaus auf die *Hong Kong and Shanghai Banking Corporation (HSBC)*, die traditionsreichste der drei Hongkonger Notenbanken (mit den Bronzelöwen Stephen und Stitt unten an der Straße). Der Bau, der den Platz im Süden abschließt, scheint zu verkünden: „Diese Bank ist für alle da!", denn fast das gesamte Erdgeschoss blieb als öffentlicher, überdachter Platz frei. Durch ein waagerechtes Riesenfenster blickt man von dort aus direkt ins Herz des Gebäudes, seine turmhohe Schalterhalle. Sie erhält über Spiegel Tageslicht durch eine verstellbare „Lichtschaufel" an der Südfassade. Die ganze von Norman Foster entworfene Konstruktion aus übereinandergestapelten Brücken und davon abgehängten Etagen ging allerdings mächtig ins Geld. Obwohl nicht sehr hoch (179 m), war der Bau bei Eröffnung 1985 das teuerste Hochhaus der Welt.

Gleich links davon steht der Altbau der Bank of China, Relikt einer untergegangenen Epoche. Noch weiter links protzt ein silberner Turm, das *Cheung Kong Centre* von Li Ka-shing. Vielleicht blickt der Tycoon ja gerade im Bademantel ganz oben aus dem 62. Stock. Dort hat er sich nämlich nicht nur sein Büro, sondern auch sein persönliches Schwimmbad einbauen lassen. Mehr noch zieht aber ein links etwas abseits stehender Turm die Blicke auf sich: der *Bank of China Tower* mit seinen auffälligen Diagonalen, die sich wie riesige X auf die Spiegelfassade schreiben. Viele Hongkonger waren von dem Entwurf des Sinoamerikaners I. M. Pei allerdings entsetzt: Der Bau habe ein mieses Fengshui, die spitzen Kanten bedrohten die Nachbarn wie Dolche und die zwei Antennen ganz oben sähen aus wie Weihrauchstäbchen beim Totenopfer. Ganz ohne Fengshui: Wer sich den Turm aus der Nähe ansieht, wird sich über den steinernen Sockel wundern, den oben Zinnen abschließen wie bei einer mittelalterlichen Burg. Der Bau scheint zu sagen: „An unser Geld kommt ihr nicht ran!"

Nun müssen Sie sich umdrehen und den Kopf in den Nacken legen: Der Turm 2 des *International Finance Centre (IFC)* bietet 420 m elegantestes Design im Megaformat, entworfen von César Pelli. „Geld ist super!", ruft der Bau, in dem u. a. Hongkongs Währungshüter residieren. Da Sie schon hier stehen: Das Gebäude links unterhalb vom IFC-Turm ist das elegante Hotel *Mandarin Oriental* (s. S. 83) und der koloniale Altbau mit Kuppel (einmal umdrehen!) das *Old Supreme Court Building* (s. S. 33).

Der Name *Statue Square* bezieht sich übrigens auf ein Standbild von Queen Victo-

LOW BUDG€T

Straßenbahn: Für 2,30 $ fährt man so weit, wie man will, bis der Wagen kehrtmacht.

Star Ferry: Zwischen Tsim Sha Tsui (Kowloon) und dem Central District schippern Sie auf dem unteren Deck der Fährboote wochentags für nur 2 $ durch den Hafen.

Museen: In den großen staatlichen Häusern ist der Eintritt frei, im Science Museum allerdings nur mittwochs.

WAN CHAI, CAUSEWAY BAY, HAPPY VALLEY

ria. Sie werden es vergebens suchen: Die Japaner haben es im Zweiten Weltkrieg eingeschmolzen. *MTR Central*

12 WESTERN MARKET (西港城)
(136 C2) (*B10–11*)

Die Backsteinhalle von 1906 beherbergte einst einen Lebensmittelmarkt. Nachdem der 1988 in ein größeres und moderneres Gebäude umgezogen war, wurde das Haus unter Denkmalschutz gestellt. Tuch- und Andenkenhändler zogen ein. Außerdem gibt es ein deutsches Caférestaurant. *Tgl. 10–17 Uhr | MTR Sheung Wan*

13 ZOOLOGICAL AND BOTANICAL GARDENS (動植物公園) ●
(137 D3–4) (*C12*)

Der Garten ist zwar nicht groß, doch sehenswert, besonders wegen der scharlachroten Ibisse, der Flamingos und seltenen Pfauenarten. Auch bei den Orang-Utans und den Gibbons drängen sich die Besucher. Im Schatten der alten Bäume – die Anlage wurde 1864 gegründet – lässt sich gut rasten. Frühmorgens kommen die Leute zum Schattenboxen hierher. *Tgl. 6–22 Uhr | Eintritt frei | Garden Road | 花園道 | MTR Central*

WAN CHAI, CAUSEWAY BAY, HAPPY VALLEY (灣仔, 銅鑼灣, 跑馬地)

Wan Chai in der Mitte der Nordküste ist ein Gegen- und Miteinander aus alten Wohn- und modernen Gewerbebauten mit dem berühmten Kiezviertel um Jaffe Road und Lockhart Road.

Glanzlicht ist das *Kongress- und Messezentrum,* das sich mit seinem elegant geschwungenem Dach in den Hafen vorstreckt. Es ist mit zwei Luxushotels verbunden, darunter das spektakuläre *Grand Hyatt.* Dahinter ragt der Turm des *Central Plaza* (138 A4) (*E12*) auf. Westlich davon sind die *Academy for Performing Arts* und das *Arts Centre* zwei lebendige Orte des Kulturlebens (138 A4)

Hat Schwung: das Kongress- und Messezentrum am Hafen in Wan Chai

SEHENSWERTES

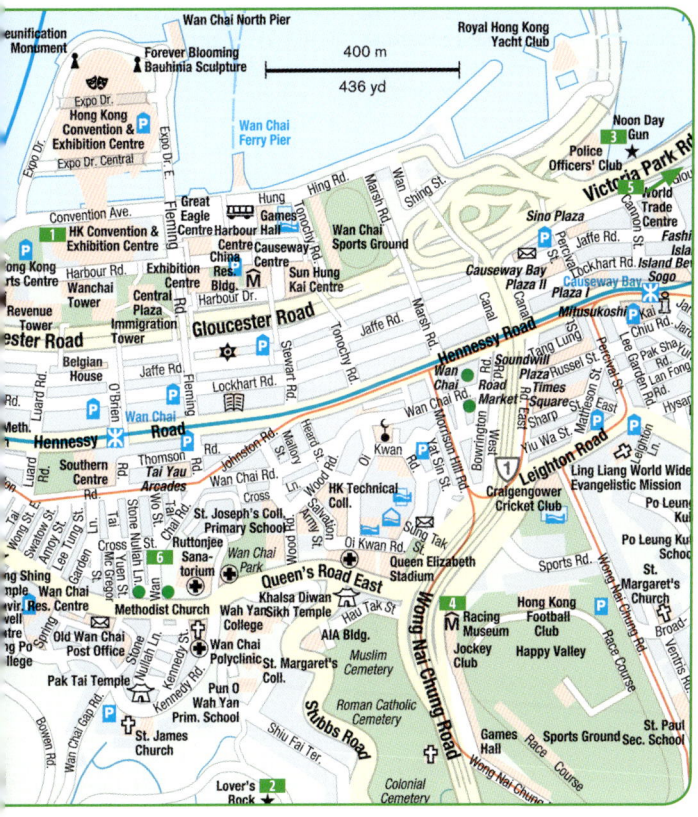

SEHENSWERTES IN WAN CHAI, CAUSEWAY BAY UND HAPPY VALLEY

1. Grand Hyatt
2. Lover's Rock
3. Noon Day Gun
4. Racing Museum
5. Victoria Park
6. Wan-Chai-Markt

(E12). Im ältesten Teil von Wan Chai, südlich der Johnston Road, die einmal eine Uferstraße war, wird derzeit fleißig saniert. Bislang ist der bunte *Wan-Chai-Markt* verschont geblieben.

Das sich östlich anschließende *Causeway Bay* mit seinen Einkaufspalästen (darunter die Mall *Times Square* und der Kaufhausriese *Sogo*) **(138 C4)** *(G–H 11–12)*, Kinos, Lokalen und ein paar Fußgängerzonen ist ein trubeliger Freizeitmagnet und das Shoppingmekka der Stadt. Vor allem am Abend herrscht hier dichte Hongkong-Atmosphäre. Frische Luft schnappen lässt sich nebenan im Victoria Park.

Das landeinwärts gelegene *Happy Valley* wird größtenteils von Hongkongs ältester Pferderennbahn eingenommen. Einmal sollten Sie hier oder auf der zweiten Rennbahn in Sha Tin ein Rennen und die Wettleidenschaft der Zockermassen mit-

WAN CHAI, CAUSEWAY BAY, HAPPY VALLEY

erleben! Der INSIDER TIPP *Tourist Badge (siehe short.travel/hon22)*, den Sie unter Vorlage Ihres Reisepasses für 130 $ am Tribüneneingang für Jockey-Club-Mitglieder kaufen können, verschafft Ihnen sogar Zugang zu deren edler Loge (Mindestalter 18 Jahre, Kleiderordnung beachten!)

Wie im ganzen Inselnorden ist die Straßenbahn ideal für alle „Sehleute". Man-

Gold-und-Marmor-Prunk im Foyer des Grand Hyatt

che Wagen wenden an der Ecke zum Victoria Park. Mehr zur Tram siehe unter „Zentrum & Peak".

1 GRAND HYATT (君悦酒店)
(138 A3) (*E11–12*)

Dass Understatement in Hongkong auch nach anderthalb Jahrhunderten britischer Herrschaft eher ein Fremdwort geblieben ist, zeigt sich wohl nirgends prächtiger als in der üppig dimensionierten Art-déco-Halle dieses Hotels. Über geschwungenen Treppen aus schwarzem Marmor glänzt ein goldenes Himmelsoval. *1 Harbour Road | 港灣道 1 | MTR Wan Chai*

2 INSIDER TIPP LOVER'S ROCK
(姻緣石) (138 B5) (*E13*)

Aus dem subtropischen Dickicht des Berghangs oberhalb von Wan Chai ragt dieser 9 m hohe, reich geschmückte Monolith in den Himmel. Wegen seiner Phallusform bringen ihm Frauen, die sich einen lieben Mann oder männliche Nachkommen wünschen, Opfergaben. Ein Besuch lohnt sich auch wegen der guten Aussicht und der Wanderung entlang der schattigen Bowen Road (mit Trimm-dich-Pfad), die für Autos gesperrt ist. *Oberhalb der Bowen Road | 寶雲道 | östlich der Wan Chai Gap Road | Bus 15 ab City Hall bis Bowen Road*

3 NOON DAY GUN (午炮)
(138 C3) (*G11*)

Mittags Schlag 12 Uhr wird am Ufer vorm Excelsior Hotel ein Schuss aus dem blitzblanken Nachbau einer Kanone abgegeben, mit der das Handelshaus Jardine einst seine einlaufenden Schiffe begrüßte. Um die kleine Zeremonie – ein liebevoll gepflegtes Relikt aus kolonialen Tagen – mitzuerleben, unterqueren Sie die Stadtautobahn durch den Tunnel, der neben dem Hotel von der Tiefgarage des

SEHENSWERTES

World Trade Centers aus hinüberführt. *MTR Causeway Bay*

4 RACING MUSEUM (賽馬博物館) (138 C5) (*m* F13)

In schönen Räumen mit Panoramablick auf die Pferderennbahn von Happy Valley geben Dokumente, Modelle, Filme und interaktive Monitore Einblick in die Geschichte des Hongkonger Pferderennsports seit den Anfängen im Jahr 1846. *Tgl. 12–19 Uhr, an Renntagen 10–21 Uhr | Eintritt frei | Wong Nai Chung Road | 黃泥涌道 | 2/F, Nordende des Tribünengebäudes | Tel. Auskunft 29 66 80 65*

5 VICTORIA PARK (維多利亞公園) (139 D3) (*m* G–H11)

Die grüne Lunge von Causeway Bay war mal eine Meeresbucht. Sie ist am Morgen schön zum Joggen oder Schattenboxen. Den ganzen Tag was sind die Bänke, Spazierwege und eine Kieselfläche zur Fußmassage. *MTR Causeway Bay*

6 WAN-CHAI-MARKT (灣仔街市) (138 B4–5) (*m* E12)

Im ältesten Wohngebiet von Wan Chai findet täglich ein bunter Markt statt, vor allem mit Lebensmitteln – ein prima Ort, um Atmosphäre zu schnuppern. *Tai Yuen Street | 太原街 | Cross Street | 交加街 | und Umgebung | MTR Wan Chai*

WESTKOWLOON, TSIM SHA TSUI, YAU MA TEI (西九龍, 尖沙咀, 油麻地)

Kowloon: „Neun Drachen" heißt die der Insel gegenüberliegende Halbinsel – genau genommen aber nur bis zur Boundary Street (132–133 A–E5) (*m* D–G4), wo von 1860 an die Nordgrenze der Kronkolonie verlief.

Heute versteht man unter Kowloon meist alles Land südlich des Lion-Rock-Gebirgs-

EINFACH MAL AUSZEITEN

Podium Garden (135 D5–6) (*m* F9)
Ohne etwas zu essen oder zu trinken zu bestellen bloß mal entspannen und von erhöhter Warte auf den Hafen gucken kann, wer am Ostende der Avenue of Stars über eine breite Brücke zu diesem Platz geht, einem Dachgarten über dem Busbahnhof. Man sitzt unter eleganten Sonnensegeln. *MTR Central, Hong Kong*

Iyara ● (137 D2) (*m* B11)
Zweite Entspannungsstufe. Hier, gleich am Central Escalator, gibt's erschwingliche halbstündige Fußmassagen, aber auch teurere Schönheitsanwendungen – bis hin zu einer vierstündigen „Ultimate half day escape". *26 Cochrane Street | Tel. 25 23 87 00 | www.iyaradayspa.com | MTR Central*

Spa im Four Seasons Hotel (137 D2) (*m* C11)
Dritte Entspannungsstufe: Diese 2000-m^2-Wohlfühloase des Luxushotels am IFC-Komplex erleichtert die Geldbörse schon merklich, aber allein die Liste der Anwendungen liest sich wie herrlichste Lyrik. Besser kann man sich kaum verwöhnen lassen. *8 Finance Street | Reservierungstel. 31 96 89 00 | www.fourseasons.com/hongkong/spa | MTR Central, Hong Kong*

WESTKOWLOON, TSIM SHA TSUI, YAU MA TEI

zugs. Hier ist von der Südhälfte der Halbinsel mit zwei Ortsteilen die Rede.

Tsim Sha Tsui: Ganz im Süden Kowloons ballt sich der Tourismus mit Hotels, Bars und Tausenden von Geschäften. Am Westufer reiht sich ein Einkaufstempel an den anderen, von der *China Hong Kong City* (mit Fährterminal) (134 B–C5) (*m D–E8*) bis zum *Ocean Terminal* (134 B6) (*m D9*), wo die Kreuzfahrtschiffe anlegen. An der Südspitze ragt neben dem Star-Ferry-Anleger der *Uhrturm* auf, das einzige Überbleibsel des einstigen Bahnhofs. Dahinter folgt in Toplage das *Cultural Centre*. Die Hafenpromenade dort hält ein Superpanorama bereit; als ❋ *Avenue of Stars* ehrt sie bekannte Hongkonger Filmschauspieler. Neben dem altehrwürdigen *Peninsula Hotel* beginnt die große Nord-Süd-Achse von Kowloon, die 3,5 km lange *Nathan Road* (132 B5–6, 134 C1–6) (*m E4–9*).

Yau Ma Tei: Der *Tin-Hau-Tempel* mit seinem schattigen Vorplatz, der *Jademarkt* und der *Temple-Street-Nachtmarkt* sind die besten Ziele in diesem interessanten Viertel, durch das Sie die Erlebnistour 2 führt.

Die Wege in Kowloon kann man mit der U-Bahn und den Buslinien abkürzen, die unter bzw. auf der Nathan Road fahren. Perfekt für eine Erholungspause ist der Kowloon Park.

■1 HONG KONG CULTURAL CENTRE (香港文化中心) (134 C6) (*m E9*)

Das lachsfarben verkachelte Kulturzentrum prägt seit 1989 die Südspitze Kowloons. Mit einem Konzertsaal (2100 Plätze), einem Theatersaal (1750 Plätze), einem Studiotheater, einem riesigen Foyer und dem Museum of Art zeigt es die kulturellen Ambitionen der Stadt. Die Architektur gab Anlass zu manchem Spott („Skipiste"). Seltsam ist zumindest, wie der fast fensterlose Bau die Top-Aussicht ignoriert. *10 Salisbury Road | 梳士巴利道 10 | MTR Tsim Sha Tsui*

Die Nathan Road durchschneidet Kowloon vom Victoria Harbour bis zur Boundary Street

SEHENSWERTES

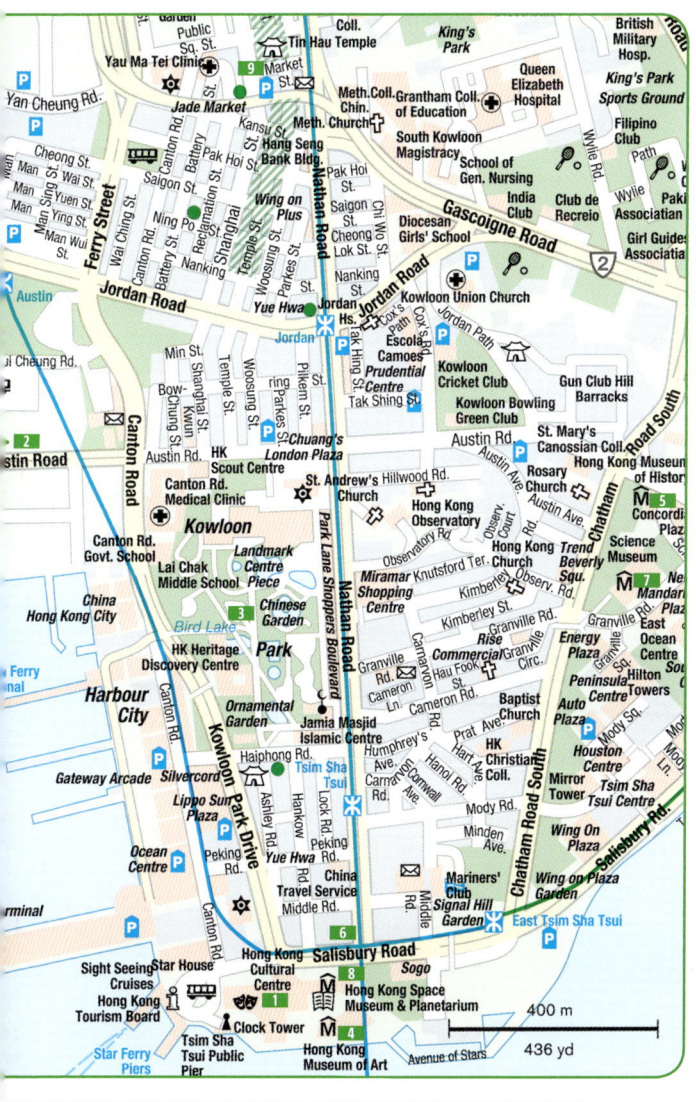

SEHENSWERTES IN WESTKOWLOON, TSIM SHA TSUI UND YAU MA TEI

1. Hong Kong Cultural Centre
2. International Commerce Centre
3. Kowloon Park
4. Museum of Art
5. Museum of History
6. Peninsula Hotel
7. Science Museum
8. Space Museum
9. Tin-Hau-Tempel

WESTKOWLOON, TSIM SHA TSUI, YAU MA TEI

2 INTERNATIONAL COMMERCE CENTRE (環球貿易廣場)
(134 A–B4) (*m C8*)

An der Einfahrt zum westlichen Hafentunnel steht Hongkongs neues Superhochhaus (484 m hoch). Die obersten 15 Etagen belegt das Hotel Ritz-Carlton. Auch ans allgemeine Publikum wurde gedacht: In 393 m Höhe gibt's ❀ INSIDERTIPP *Sky 100 (So–Do 10–21 Uhr, Fr bis 22, Sa bis 23.30 Uhr | Eintritt 168 $, bei Kauf über Website 151 $ | www.sky100.com.hk)*, eine Aussichtsplattform mit Rundumblick – fast so hoch wie auf dem Peak. *MTR Kowloon*

3 KOWLOON PARK (九龍公園) ●
(134 C5) (*m E8–9*)

Der interessanteste Teil von Kowloons grüner Lunge ist der Skulpturengarten mit modernen Werken einheimischer Künstler. Kinder finden die Vogelgehege toll. Im Norden des Parks liegt außerdem ein Schwimmbad. Im *Heritage Discovery Centre* im Süden gibt es ein Café und es werden Ausstellungen zu Hongkongs kulturellem Erbe gezeigt. *Park tgl. 6.30–24 Uhr | Haiphong Road | 海防道 | MTR Tsim Sha Tsui*

4 MUSEUM OF ART (香港藝術館) ★
(134 C6) (*m E9*)

Der nicht sehr einladend wirkende Bau an der Südspitze von Kowloon stand bei seiner Eröffnung 1991 für die damals noch neuen kulturellen Ambitionen der Stadt. Wohlhabende Sammler schenkten dem Kunstmuseum eine große Zahl von klassischen chinesischen Meisterwerken. Dazu zählen vor allem Tuschmalerei und Kalligrafie, aber auch Skulpturen, Lackwaren, Jade, Bronze, Keramik und Textilkunst. Auf einem Teil der 5800 m² Ausstellungsfläche wird das aktuelle Hongkonger Kunstschaffen präsentiert – interessant! *Bei Redaktionsschluss wegen Umbau geschl., Wiedereröffnung 2018 | Eintritt 10 $, Mi frei | MTR Tsim Sha Tsui*

5 MUSEUM OF HISTORY (香港歷史博物館) ★ ●
(135 D4) (*m F8*)

Eins der besten Geschichtsmuseen der Welt. Die Themenvielfalt und die megaaufwendige Präsentation lassen die Besucher kaum wieder los. Wo der natürliche Lebensraum erklärt wird, stehen Urwaldbäume in Originalgröße und rufen Tiere, im kulturgeschichtlichen Teil wurden ganze Häuser und Theaterbüh-

Kalligrafien im Museum of Art: Schönschrift geht noch analog!

SEHENSWERTES

nen aufgebaut, wandgroße Fotos vom alten Hongkong gehen eins zu eins in reale Gegenstände über – z. B. eine Hafenszenerie in eine nachgebaute Dschunke –, und in der historischen Apotheke hängt sogar die typische Duftnote in der Luft. Den Streifzug durch die Vergangenheit, „The Hong Kong Story" genannt, ergänzen interaktive Medien, mehrsprachige Diaschauen und historisches Filmmaterial. *Mo, Mi–Fr 10–18 Uhr, Sa, So 10–19 Uhr | Eintritt frei | MTR Hung Hom*

6 PENINSULA HOTEL (半島酒店)
(134 C6) (*ω E9*)

Die pompöse Luxusherberge ist die eindrucksvollste bauliche Erinnerung an die Kolonialzeit. Die Eröffnung des Hauses 1928 war ein Meilenstein in der Entwicklung Kowloons. Das Hotel profitierte trotz der Lage in dem damals noch unattraktiven Vorort von der unmittelbaren Nähe zum alten Bahnhof und vom – später verbauten – phantastischen Blick auf die Insel. Das Ambiente des Foyers mit dem vergoldeten Stuck lässt sich am besten nachmittags beim INSIDER TIPP *High Tea* genießen. *Salisbury Road | 梳士巴利道 / MTR Tsim Sha Tsui*

7 SCIENCE MUSEUM (香港科學館)
(135 D4–5) (*ω F8*)

In Hongkongs größtem Museumsbau dreht sich alles um Technik und Wissenschaft. Geschickt wurden hier viele neue Ideen umgesetzt – pädagogisch wertvoll, aber nicht langweilig. Das meiste darf angefasst und ausprobiert werden. Im Erdgeschoss gibt es Raum für Sonderausstellungen und die „Welt der Spiegel". Auf Umwelt- und Artenschutz sowie Biowissenschaften wird ebenfalls eingegangen. Die *Children's Zone* ist für die jüngsten Besucher. Kinder und Jugendliche tummeln sich ansonsten in der Computerabteilung im 1. Stock – auf dieser Ebene befindet sich auch der Eingang. Eine Treppe höher geht's um Kommunikation, Transport (Blickfang an der Decke: „Betsy", Hongkongs erstes Verkehrsflugzeug), Nahrungsmittel und um Haushaltstechnik. In der 3. Etage können Sie sich über effiziente Energienutzung informieren. Besonders stolz ist das Museum auf die 20 m hohe „Energiemaschine" im Atrium. Rollende Kugeln lösen dort diverse Bewegungs- und Geräuscheffekte aus. *Mo–Mi, Fr 10–19, Sa, So 10–21 Uhr | Eintritt 20 $, Mi frei | 2 Sci-*

LESEHUNGER & AUGENFUTTER

Noble House – Der wohl bekannteste Hongkong-Roman, von James Clavell, handelt vom Intrigenspiel um wirtschaftliche Macht (1981)

Suzie Wong – Richard Mason schrieb die Geschichte einer Schönheit vom Wan-Chai-Kiez, der die Verfilmung (1960, Regisseur Richard Quine, mit William Holden und Nancy Kwan) zu Weltruhm verhalf

Alle Herrlichkeit auf Erden – Die west-östliche Liebesgeschichte (1952) von Han Suyin spielt 1949, in Hongkongs schwieriger Nachkriegszeit

Chungking Express – Ein echter Hongkong-Film, der durch Quentin Tarantino auch im Westen in die Kinos kam. Er erzählt zwei Liebesgeschichten, die im Polizeimilieu der Stadt spielen (1994, Regie: Wong Kar-wai)

WESTKOWLOON, TSIM SHA TSUI, YAU MA TEI

ence Museum Road | 科學館道 2 | MTR Hung Hom

8 SPACE MUSEUM (香港太空館)
(134 C6) (*m E9*)

Hier werden in fassbarer Form Astronomie, Solarwissenschaften und Raumfahrt besonders Kindern und Jugendlichen nahegebracht. Die Hauptattraktion ist das Planetarium. *Mo, Mi–Fr 13–21, Sa, So 10–21 Uhr | Eintritt 10 $, Mi frei, Planetarium ab 24 $ | 10 Salisbury Road | 梳士巴利道 10 | MTR Tsim Sha Tsui*

9 TIN-HAU-TEMPEL (天后廟)
(134 C3) (*m E7*)

Kaum steht man auf dem Vorplatz, bleibt die Hektik der Metropole zurück. Ältere Männer spielen Schach, andere lesen Zeitung oder genießen den Blick ins Blätterdach der uralten Bäume, die den Platz überwölben. Beim Betreten des Tempels folgt die nächste Entschleunigungsstufe. Von Weihrauchspiralen, die in den Atrien hängen, kräuselt sich grauweißer Qualm ins Freie. Solche Spiralen glimmen eine ganze Woche lang. In vier der fünf Hallen – die fünfte ganz rechts wird für eine Ausstellung genutzt – schauen prächtig gekleidete Götterbilder aus ihren reich geschmückten Schreinen. Die Hauptfigur in der mittleren Halle ist eine Frau, eigentlich eher ein Mädchen: die Schutzpatronin der Seefahrer. Ihr Ehrentitel „Himmelskaiserin" verweist auf ihre Macht, Stürme zu stillen und Wogen zu glätten, um in Seenot Geratenen zu helfen. Dabei unterstützen sie die furchterregenden Gesellen vor ihr. In den Nachbarhallen werden oft Gaben an die Toten vorbereitet: Manchmal sieht man ganze Häuser aus Papier und Bambusstriefen samt Inneneinrichtung, die gefertigt wurden, um in einem der Öfen zwischen den Gebäuden verbrannt und so zu ihnen ins Jenseits geschickt zu werden. Daher reihen sich in den Wandregalen auch Totentafeln mit Fotos der Verstorbenen. *Tgl. 8–18 Uhr | 10 Public Square Street | 眾坊街 10 | MTR Yau Ma Tei*

Der Bird Garden in Mong Kok: Hier zeigt man Ihnen gleich mehrmals einen Vogel

SEHENSWERTES

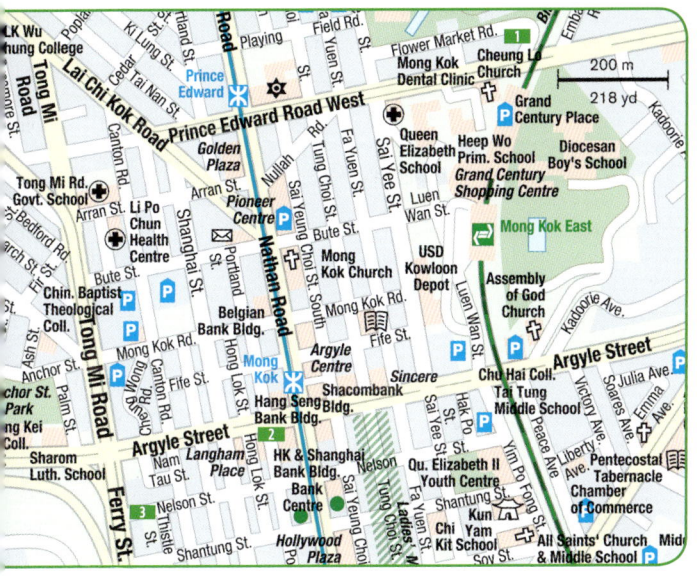

SEHENSWERTES IN MONG KOK

1 Blumen- und Vogelmarkt   2 Langham Place   3 Lebensmittelmarkt

MONG KOK (旺角)

Ein Abstecher in den extrem dicht besiedelten Stadtteil ⭐ Mong Kok macht wegen der unterschiedlichen Straßenmärkte und sonstigen Einkaufsmöglichkeiten Spaß.

Einige Straßenabschnitte wurden sogar zu Fußgängerzonen umgewandelt – in Hongkong eine Seltenheit. Der *Lebensmittelmarkt* sowie der *Blumen- und Vogelmarkt* sind unten beschrieben, zum Markt in der *Fa Yuen Street* und dem *Ladies' Market* steht mehr im Kapitel „Einkaufen". Bummeln und schauen lässt sich auch gut auf dem *Zierfischmarkt* in der *Tung Choi Street* im Bereich der Bute Street **(132 B6) (ΩD–E5)**.

1 BLUMEN- UND VOGELMARKT (花墟,園圃街雀鳥花園)
(132 B–C5) (ΩE4)

Eigentlich sind es zwei Märkte, aber wer zum Vogelmarkt geht, kommt auch am Blumenmarkt vorbei. Der Yuen Po Street Bird Garden, wie der Vogelmarkt eigentlich heißt, wurde hier extra angelegt – mit kleinen Häusern und viel Grün ein idyllischer, fototauglicher Fleck, zumal er nur für Fußgänger zugänglich ist. Der Blumenmarkt ist eher ein Häuserblock (Südseite der Flower Market Road) mit lauter Blumen- und Pflanzenhandlungen. *MTR Prince Edward, Mong Kok East*

2 LANGHAM PLACE (朗豪坊)
(134 C1) (ΩE5)

Hongkongs futuristischer Konsumtempel ist architektonisch der spektakulärste von allen – mit einem neun Etagen hohen,

45

AUSSERDEM SEHENSWERT

zweiseitig verglasten „Wintergarten" und lauter schiefen Winkeln. *Portland Street/Ecke Argyle Street* | 砵蘭街/亞皆老街 | *MTR Mong Kok*

Hafen: Auch die einst berühmte Dschunkenstadt sieht schon längst nicht mehr so aus, wie sie in zahllosen Spielfilme verewigt ist. Niemand wohnt hier mehr

Volle Fahrt voraus: Im Hafen von Aberdeen starten Sampanrundfahrten

3 LEBENSMITTELMARKT (旺角街市)
(134 B1) (*D5*)

An der Ecke Argyle Street/Canton Road und in der kreuzenden Nelson Street wird täglich alles für die kantonesische Küche angeboten: Gemüse und Dörrpilze, Früchte und Fleisch, ansonsten lebende Fische, Muscheln, Kröten und Krebse. Am meisten los ist vormittags. *MTR Mong Kok*

AUSSERDEM SEHENSWERT

ABERDEEN (香港仔)
(140 A–C 2–4) (*B–D 16–17*)

Die Hochhaussiedlung im Südwesten der Insel wird in Broschüren ab und an noch als Fischerdorf bezeichnet – das war mal! ständig auf dem Wasser. Die über 100 noch verbliebenen Motordschunken vermitteln immerhin noch einen Hauch von Fernostexotik. Einen kleinen Eindruck davon verschaffen die kostenlosen Fähren zum schwimmenden Riesenrestaurant *Jumbo*. Dieses goldbeladene Monument chinesischen Kitschs liegt jenseits der nach Ap Lei Chau führenden Hochbrücke gegenüber dem exklusiven Yachtclub. Es serviert gute Dimsum. Falls Sie eine Sampanrundfahrt machen möchten, verhandeln Sie mit den Ladys, die Sie an der Uferpromenade mit „Sampan, Sampan!" ansprechen (ca. 60 $ pro Person für 20 Minuten). *Bus 70 ab Exchange Square bis Endstation, dann nach Westen und über die Fußgängerbrücke gehen; zu den Restaurantfähren an der Promenade wenige Schritte nach rechts*

SEHENSWERTES

Friedhof: Den Ahnen gebührt das Beste. Darum haben kantonesische Gräber immer eine tolle Lage – nur wurde die in Hongkong später meistens verbaut. Dem Originalambiente noch am nächsten kommt der große ✽ *Aberdeen Chinese Permanent Cemetery* **(140 A2–3)** (*ω B16–17*). Zum Ching-Ming-Fest und am Doppelten Neunten, wenn an den Gräbern geopfert wird, lohnt sich ein Besuch hier besonders. *Zugang über eine Treppe am Hang*

CHI-LIN-NONNENKLOSTER (志蓮淨苑) ● (U D1) (*ω 0*)

Das jüngste der Hongkonger Tempelklöster, im Jahr 2000 fertiggestellt, ist zugleich das würdigste, denn es entstand als klassisch-chinesische Holzkonstruktion im mächtigen, schlichten Stil der Tang-Zeit. Die großenteils vergoldeten Bildwerke zeigen, dass auch heute noch eindrucksvolle buddhistische Kunst entstehen kann. Tgl. 9–16.30 Uhr
Eine Brücke führt vom Kloster in den wunderbar gepflegten *Nan-Lian-Garten* (tgl. 7–21 Uhr | Eintritt frei | www.nanliangarden.org) gegenüber. Mit seinen 3,5 ha ist er die größte chinesische Gartenkunstanlage in Hongkong. Zu ihm gehört auch ein feines vegetarisches Restaurant. *Am Ostende der Fung Tak Road | 鳳德道 | MTR Diamond Hill, Ausgang C2*

LION ROCK (獅子山) **(143 D3)** (*ω 0*)

Mehr Blickfang als Wanderziel ist dieser auffällige, 495 m hohe Gipfel in Löwenkopfform. Er gab seinen Namen dem ganzen Höhenzug, der Kowloon im Norden begrenzt.

OCEAN PARK (海洋公園) ★ ✽ **(141 E–F 3–4, D–E 5–6)** (*ω E–F 17–20*)

Hongkongs schönster Freizeitpark kombiniert Rummelplatz, Zoo und Zirkus, und das in phantastischer Lage mit Ausblick aufs Südchinesische Meer. Die 87 ha große Anlage besteht aus zwei Teilen: dem am Eingang gelegenen *Waterfront* und dem hoch gelegenen *Summit*. Beide verbindet eine 1,5 km lange Gondelbahn sowie der *Ocean Express,* eine unterirdische

FIT IN THE CITY

Im *Victoria Park* **(139 D3)** (*ω G–H11*) gibt es eine Joggingbahn mit Trimmdich-Stationen, dazu eine Stelle, wo man auf losen runden Kieseln geht und sich so die Füße massieren lässt. Hongkongs schönste Joggingstrecke ist die *Bowen Road:* Oberhalb von Happy Valley und Wan Chai läuft man auf autofreier Straße im Grünen und hat gelegentlich Ausblick auf den Hochhauswald; außerdem stehen Trimmdich-Einrichtungen am Wegrand. Empfehlung: Über Wan Chai Gap **(138 A–B 5–6)** (*ω E13*) aufsteigen, dann ostwärts laufen bis zum Ende an der Stubbs Road; von dort aus geht es mit jedem beliebigen Bus wieder stadtwärts.
Schattenboxen: Wer die korrekt als Taijiquan bezeichnete chinesische Gymnastik schon draufhat, geht frühmorgens ab sechs in den nächstgelegenen Park. Alle anderen können sich montags, mittwochs und freitags um 7.30 Uhr am *Museum of Art* **(134 C6)** (*ω E9*) einfinden: Dort geben William und Pandora gegen einen geringen Betrag Unterricht.

AUSSERDEM SEHENSWERT

Seilbahn, in der eine Tauchfahrt im Meer simuliert wird. Auch sonst geben maritime Themen den Ton an, aber das Spektrum der Attraktionen geht weit darüber hinaus.

Waterfront ist vor allem was für jüngere Besucher: mit Kinderkarussells, Geschicklichkeitsspielen und Seelöwendressur. Außerdem leben hier Hongkongs drei Pandabären und in einer Freiflughalle sind südostasiatische Vogelarten sowie Fischotter zu entdecken. Der größte Stolz des Parks ist die *Aqua City* mit einem drei Etagen tiefen Aquarium, in dem 5000 Fische von 400 Arten schwimmen. Der Ocean Park engagiert sich im Artenschutz; ein Teil der Einnahmen fließt in eine Stiftung.

Die Natur wird den Besuchern auch in der *Summit*-Region nähergebracht, z. B. in einem wunderbaren **INSIDER TIPP** *Quallenaquarium* oder im *Pacific Pier,* einem Robbenfreigehege in Form einer künstlichen Felsküste mit Brandung. In der Nachbarschaft sorgen eine Loopingbahn und andere Fahrgeschäfte für Nervenkitzel. Rolltreppen führen zu einem tiefer gelegenen Areal mit der Wildwasserbahn *Raging River. Mo–Sa 10–18, So 10–19, im Sommer verlängerte Öffnung bis maximal 22 Uhr | Eintritt 385 $ | wegen eventueller Änderungen sowie der Zeiten für Vorführungen siehe www.oceanpark.com.hk (Menüpunkt „Plan your visit", „Show Schedule") | MTR Ocean Park*

REPULSE BAY (淺水灣) ●
(U D5) (0)

Hongkongs beliebtester Badestrand ist an Sommerwochenenden stets überlaufen. Wunderbar entspannend: zu einer der Badeinseln schwimmen und sich dort von den Wellen wiegen lassen. Es gibt viele Restaurants sowie am Südende einen herrlich kitschigen Tin-Hau-Tempel. *Busse 6, 6X ab Exchange Square*

STANLEY (赤柱) ★ *(U D6) (0)*
Stanley ist Hongkongs südlichste Ortschaft. Die meisten Ausflügler zieht der

Neuanfang in Stanley: Gut für die Gastro im Murray House, dass der Bau heute am Wasser steht

SEHENSWERTES

große Kleidermarkt in der Ortsmitte an. Attraktionen sind auch die Promenade und das hierher versetzte ☘ *Murray House* von 1844, das bis 1982 im Central District stand und dann für den Bau des Bank of China Tower abgerissen wurde. Es beherbergt heute mehrere Restaurants, in denen sich mit Seeblick schlemmen lässt. Ebenfalls in der Nähe befindet sich ein alter *Tin-Hau-Tempel*. Obendrein gehört zu Stanley ein langer Badestrand mit diversen Wassersportangeboten. *Busse 6, 6X ab Exchange Square*

VICTORIA HARBOUR (維多利亞港)
(U C3) (📕 A–H 6–11)

Hongkongs eigentliches Herz, einer der schönsten Naturhäfen der Welt – und heute einer der größten Containerhäfen. Sein Verladezentrum ist Kwai Chung im Nordwesten von Kowloon. *The Star Ferry Company* und die Reederei *Watertours* veranstalten täglich Rundfahrten.

WONG-TAI-SIN-TEMPEL
(黃大仙祠) ★ (133 F2) (📕 H1–2)

Hongkongs größte Tempelanlage – und die mit dem meisten Trubel: Jährlich opfern hier über 3 Mio. Gläubige einem als wundermächtig gerühmten Heiligen. Zu dem Komplex gehören auch ein zweigeschossiger Bau mit 160 Wahrsagerpraxen und etliche Devotionalienläden. Die Haupthalle mit dem doppelten Dach – sie ist für das Publikum gesperrt – wurde 1973 eingeweiht, die meisten anderen Gebäude 1982. Hier zeigt sich die Vermischung der Religionen in Hongkong, denn auch Konfuzius, Laotse und Buddha werden verehrt. Angeschlossen ist eine Klinik. Ebenso wie der Tempel gehört sie der Wohltätigkeitsorganisation Sik Sik Yuen, die sich durch die Spenden der Gläubigen finanziert. *Tgl. 7–17.30 Uhr | MTR Wong Tai Sin, Ausgänge A und B*

AUSSERHALB

CHEUNG CHAU (長洲)
(142 B–C5) (📕 0)

„Langeland" heißt die Insel mit der größten und lebendigsten der traditionellen Siedlungen in Hongkong. Dicht gedrängte, zweigeschossige Häuser säumen die schmalen Gassen. Außer ein paar Mini-Lkws fahren keine Autos. Im Hafen liegen noch etliche Dschunken; allerdings ist die Fischerei stark zurückgegangen. Am Kai reihen sich Fischlokale neben Ständen, die Ferienwohnungen vermitteln, und man kann Fahrräder mieten.

Gehen Sie vom Anleger aus nach links, erreichen Sie einen großen Platz (vorn ein Sportplatz) mit dem religiösen Mittelpunkt der Gemeinde, dem *Pak-Tai-Tempel* von 1783, in dem der Nordkaiser als Schutzpatron des Orts verehrt wird. Ihm wird alljährlich beim berühmten Bun-Fest gedankt. Dann geht's durch die südwärts (parallel zum Kai) führende, schmale Pak She Street mit vielen kleinen Läden.

Biegen Sie am einstigen Marktplatz nach links ab (Tung Wan Road), dann kommen Sie an einem als heilig verehrten Baum vorbei zum Strand. An dessen Südende, am Felsvorsprung unterhalb des Warwick Hotels, ist eine prähistorische Ritzzeichnung erhalten. Sie ist das am leichtesten zugängliche Beispiel solcher Felsbilder auf Hongkonger Territorium, die größtenteils erst in den letzten Jahrzehnten in Ufernähe entdeckt wurden. Weder ihr Alter noch ihre Urheber (wohl nicht chinesische) sind bekannt. Sie zeigen zu geometrischen Mustern stilisierte Tierformen.

Gehen Sie von oberhalb des Hotels die Cheung Chau Sports Road aufwärts, dann über die Fa Peng Road zur Peak Road, dort links. Folgen Sie dieser 2,2 km westwärts bis zum *Care Village* im Südwesten; von da geht's per Sampanfäh-

49

AUSSERHALB

re zurück zum Hauptort. Wenn Sie auch baden wollen, ist ein halber Tag für Cheung Chau zu wenig, ein ganzer nie zu lang. *Fähren ab Central, Pier 5, ca. zweimal stündl., Fahrzeit 60 (Schnellfähren 30) Minuten*

FLUGHAFEN UND TSING-MA-BRÜCKE (國際機場 UND 青馬大橋)
(142 A4) (*m* 0)

Auf dem Airport landen Sie zwar außerhalb der Stadt, aber trotzdem gleich im typischen Hongkong-Erlebnis. Das Wunder: Sie stehen nicht im Wasser! Das war hier nämlich mal. Der *Flughafen* liegt auf einer 5 km langen und bis über 3 km breiten Insel, die fast komplett künstlich aufgeschüttet wurde – aus Platzmangel, wie überall in Hongkong. Den Airport erreichbar zu machen, war eine ebenso große Herausforderung, wie ihn zu bauen. Das merken Sie, wenn Sie in die Stadt fahren (am besten mit dem Bus, dann sieht man entschieden mehr als mit der Flughafenbahn): Wo Sie heute auf der Autobahn dahingleiten, war zuvor menschenleere Wildnis. Bis zur Innenstadt überqueren Sie drei Hochbrücken, alle mit tollem Ausblick. Die mit der größten Spannweite (1377 m), die *Tsing-Ma-Brücke*, gilt als die größte kombinierte Straßen-Schienen-Hängebrücke der Welt. So werden Sie gleich nach der Landung auf Hongkongs Superlative eingestimmt. Setzen Sie sich dazu im Bus auf die rechte Seite!

LAMMA ISLAND (南丫島)
(142–143 C–D5) (*m* 0)

Badeurlaub, Hügel und Fischlokale: Hongkongs drittgrößte Insel, Lamma Island, ist ebenso wie alle kleineren Inseln autofrei. Ausflügler kommen, um zu baden – zwei hübsche Strände sind *Hung Shing Ye* im Norden und INSIDERTIPP *Lo So Shing* in der Mitte – und um zu essen. An der Hafenfront des Orts Sok Kwu Wan reihen sich Fischlokale, das beste ist das *Rainbow (€€)*. In Yung Shue Wan, der geruhsamen zweiten Ortschaft, werden Zimmer vermietet. Auch hier können Sie auf Terrassen am Wasser essen. Vom einen Ort zum anderen geht man rund 90 Minuten über neu aufgeforstete Hügel. *Fähren ab Central, Pier 4, alle halbe bis zwei Stunden, Fahrzeit 30–50 Minuten*

LANTAU UND PO-LIN-KLOSTER (大嶼山 UND 寶蓮寺) ★
(142 A–B 4–5) (*m* 0)

Lantau, Hongkongs größte Insel, lässt sich per Bus oder Taxi erobern und bietet genügend Attraktionen für einen ganzen Tag. Für Lantau begann mit dem Flughafenbau, der Straße und Schiene brachte, eine neue Ära. Schon ist eine Satellitenstadt entstanden, 2005 kam Disneyland hinzu. Teile der Insel sind jedoch nach wie vor fast menschenleer.

Hongkongs größter Sakralbau, das *Po-Lin-Kloster*, steht auf dem Ngong-Ping-Plateau in 460 m Höhe. Das buddhistische „Kloster des kostbaren Lotos" wurde 1927 geweiht, die von Pekinger Palastarchitektur inspirierte Haupthalle 1970. Das Kloster ist als Ausflugsziel zu Wohlstand gekommen. Seit 1993 der damals größte Freiluft-Bronzebuddha der Welt errichtet wurde (22 m hoch, mit Steinsockel 34 m), strömen die Besucher hierher. 2006 ging zudem *Ngong Ping 360* in Betrieb. Dazu gehören eine 5,7 km lange Seilbahn (25 Minuten Fahrt von der MTR-Endstation Tung Chung bis zum Buddha) sowie an der Bergstation das Ngong Ping Village mit Läden, Restaurants und der Multimediaschau „Walking with Buddha", die das Leben Gautama Buddhas veranschaulicht. Tipp: Hoch fahren, runter laufen oder den Bus nehmen.

Das Fischerdörfchen *Tai O* am Westende der Insel besteht großenteils aus blechverkleideten Holzhäusern, die auf Pfäh-

SEHENSWERTES

len über dem Wasser schweben. Im Schlick hüpfen die drolligen Schlammspringer umher; an manchen Stellen wachsen Mangroven. Lantaus schönste Strände, *Pui O* und *Cheung Sha*, liegen in der Mitte der Südküste. Historisch bedeutsam sind mehrere Forts aus dem 17. Jh., die zum Schutz vor Piraten dienten; das größte ist am südlichen Ortsende von *Tung Chung* zu besichtigen.

Der 70 km lange *Lantau Trail* verläuft von Mui Wo im Nordosten in zwölf Etappen über die Berge zum Südwestkap und entlang der Küste wieder zurück. Spektakulär, aber steil ist Etappe 3, die über den kahlen *Lantau Peak* (934 m) zum Po-Lin-Kloster führt. Leichtere Routen: vom Kloster nach Süden durch den Wald zur Straße oder nach Nordosten bis Tung Chung (Fort, U-Bahn). *Fähren ab Central, Pier 6, nach Mui Wo alle 30–50 Minuten, Fahrzeit eine Stunde; von Mui Wo mit Bus Linie 2 nach Ngong Ping (Kloster), mit Linie 1 nach Tai O und mit Linie 3M nach Tung Chung; auch MTR Tung Chung*

INSIDER TIPP LEI YUE MUN (鯉魚門)
(U E3)

Ein Dorfbummel, wobei das Dorf rasch zu erreichen ist. Das Fischerörtchen Lei Yue Mun besteht praktisch nur aus einem einzigen langen Gässchen. Es ist gesäumt von Fischrestaurants und -handlungen mit dem reichsten Angebot an Meeres-

Auf einem Sampan schaukeln Sie durch das Fischerdorf Tai O im Westen von Lantau

früchten, das man in Hongkong finden kann. Viele Häuser schweben auf Stelzen über dem Wasser. Folgen Sie einem Doppelknick rechts-links, so gelangen Sie nach weiteren 500 m zu großen Felsblöcken und zum Dorftempel zu Ehren der „Himmelskaiserin" Tin Hau. *Kwun-Tong-Linie oder Tseung-Kwan-O-Linie bis Yau Tong, Ausgang A2, dann 600 m zu Fuß; das Dorf beginnt am Dschunkenhafen*

INSIDER TIPP MAI PO NATURE RESERVE
(米埔) (142 B–C 1–2)

Im amphibischen Nordwesten der New Territories bieten im Mai Po Nature Reserve Fisch- und Garnelenteiche, Wattflächen und Hongkongs letzter großer

AUSSERHALB

Mangrovengürtel reiche Nahrung und Unterschlupf für Silberreiher, Ibisse, Eisvögel und weitere rund 250 Vogelarten. Viele überwintern hier als Zugvögel. Der *World Wide Fund for Nature (WWF) (nur Sa, So | 1 Tramway Path | Tel. 25 26 10 11 | short.travel/hon20)* hat ein Informationszentrum und Beobachtungsstände eingerichtet. Besichtigung nur mit Führung.

NEW TERRITORIES (新界)

Auch wenn sie im Grunde alles umfassen, was nicht zu Kowloon und der Insel Hongkong gehört, meint man damit doch stets das Festland jenseits des Gebirgszugs, der Kowloon nach Norden und Osten begrenzt. Dort liegen riesige Satellitenstädte, aber auch weitgehend unwegsames Bergland mit Hongkongs höchstem Berg, dem *Tai Mo Shan* (957 m). Eine gute Auswahl der Sehenswürdigkeiten bieten zwei klasse Touren *(Dauer je rund 5 Std. | 490 $)*, die bei *Gray Line Tours (Tel. 23 68 71 11 | www.grayline.com.hk)* gebucht werden können: Die „Heritage Tour" führt zu einem alten Sippendorf samt Ahnentempel, wie es früher für die New Territories typisch war, zur Residenz eines kaiserlichen Beamten, zum Markttempel von *Tai Po* und zu als heilig verehrten Bäumen. „Land Between" bietet einen bunten Querschnitt mit einem Tempelkloster, dem Reiherreservat *Luk Keng* und Fischfarmen. Bei beiden Touren sieht man viel Landschaft sowie zwei, drei Satellitenstädte.

Bergwandern: Der *MacLehose Trail* geht von Ost nach West über 100 km in zehn Etappen. Das schönste Stück (Etappen 1 und 2) führt entlang der Sai-Kung-Halbinsel. Der *Wilson Trail (75 km)* durchquert die New Territories von Nord nach Süd.

SAI-KUNG-HALBINSEL UND TAP MUN (西貢半島 UND 塔門)

(143 E–F 2–3) (*ω 0*)

Die zerklüftete, fast menschenleere Halbinsel *Sai Kung* liegt ganz im Osten und ist das beste Ziel für eine nicht zu anstrengende Tageswanderung. Nehmen Sie um 8.30 Uhr die Fähre am Anleger Ma Liu Shui *(143 D2–3) (ω 0) (MTR-Bhf. University, Ausgang B, nach links gehen und den Schildern „Pier" bzw. „Landing Steps" folgen)*. Über eine Stunde fährt man an den gebirgigen Ufern des Tolo Harbour entlang bis zur Insel *Tap Mun* mit altem Fischer- und Bauerndorf. Dort können Sie eine Stunde lang bleiben, bis die Fähre

SPORT-SCHAU

Pferderennen in Hongkong: In *Happy Valley* **(138 C5)** *(ω F–G13)* finden Rennen schon seit 1846 statt, jetzt meist mittwochabends. 1978 kam die Anlage in *Sha Tin* **(143 D3)** *(ω 0)* hinzu; sie wird am Wochenende benutzt. Woanders etwas für die Upper Class, sind die Rennen hier ein Volksvergnügen – wegen der Wetten. Im Schnitt kommen pro Rennen fast 50 000 Zuschauer. Die Rennsaison geht von Mitte September bis Anfang Juni. *short.travel/hon18*

Pferderennen in Macau: Die 1991 eröffnete Rennbahn auf *Taipa* **(150 A–B2)** *(ω a–b8) (Tel. 28 82 08 68)* bietet 15 000 Zuschauern Platz. Die meisten Rennen starten am Wochenende. Auf den unteren Rängen ist der Eintritt frei. *www.mjc.mo/race_en/info*

SEHENSWERTES

auf dem Rückweg wieder vorbeikommt, oder Sie fahren zwei Haltestellen weiter bis Chek Keng und nehmen den Pfad quer über den Bergsattel Richtung Südosten. Belohnung nach 3,5 km Fußweg ist INSIDER TIPP *Tai Long Wan*, die „Bucht der großen Wogen", mit den zwei tollsten Stränden Hongkongs. Im nahen Dorf gibt es ein paar einfache Gaststätten.

Zurück geht's wieder nach Chek Keng, dann aber nicht zum Anleger, sondern links ab und noch einmal 3,5 km bis *Wong Shek* an der nächsten Bucht; von dort fährt halbstündlich ein Bus nach INSIDER TIPP *Sai Kung* (143 E3) (*0*). Der kleine Ort ist auch ohne die vorherige Wanderung ein Reiseziel – wegen der ruhigen Atmosphäre und der vielen Fischrestaurants mit Meerblick, darunter das *Chuen Kee* (s. S. 57). Außerdem starten ab Sai Kung schöne Bootstouren durchs Insellabyrinth von Port Shelter und Rocky Harbour. Am Hafen finden Sie diverse Anbieter, an Sommerwochenenden verkehren auch Fähren zu idyllischen Stränden auf den nahe gelegenen Inseln. Ein Teil der Inseln sowie der Küste hat den Status eines Unesco-Geoparks und es gibt spezielle Touren auch für geologisch interessierte Laien. Berühmt sind die Basaltsäulen, die ganze Uferabschnitte prägen – mehr dazu im *Geopark Volcano Discovery Centre* (tgl. 9.30–16.30 Uhr | Eintritt frei) am Busbahnhof von Sai Kung. Wer mag, kann sich auch seinen persönlichen Sampan chartern, zu haben ab 250 $ pro Stunde. *Bus 92 und Minibusse ab MTR Choi Hung*

SHA TIN (沙田) (143 D3) (*0*)

Die riesige Satellitenstadt hat zwei bahnhofsnahe Ziele: Das *Heritage Museum (vom Bahnhof Ausgang A, dann rechts Rolltreppe abwärts, über den Busbahnhof nach rechts der Straße folgen, ca. 10 Minuten)* zeigt neben Wechselausstellun-

Ausflug nach Sha Tin: Pagode am Tempel der 10 000 Buddhas

gen eine toll gemachte Abteilung zu Geschichte und Kultur der New Territories. Der *Tempel der 10000 Buddhas (Bahn überqueren, rechts voraus der Straße nach, am Hochhauskomplex Grand Central Plaza links in die Pak Tau Street, dann rechts in die Sheung Wo Che Street, weiter über Fußpfad im Tal aufwärts)* steht seit 1957 in den Bergen. Der Weg durch den Wald ist gesäumt von teils vergoldeten, lebensgroßen Figuren der 500 Luohan (erleuchtete Mönche). Die Innenwände der Haupthalle überziehen ringsum Regalbretter, auf denen sich 12 800 vergoldete Buddhafigürchen reihen. Auf dem Vorplatz stehen viele weitere, meist bunt bemalte Figuren und eine Pagode.

Bild: Dimsum

ESSEN & TRINKEN

Hongkong ist eine Gourmethochburg, in der das Auswärtsessen zum täglichen Leben gehört.

Entsprechend üppig ist das Angebot an Restaurants von volkstümlich bis edel, von chinesisch bis europäisch.

Die große Mehrheit der Hongkonger sind Kantonesen, und deren Küche ist die unbestrittene Königin aller Regionalküchen Chinas. Lästerzungen aus anderen Landesteilen behaupten zwar, die Kantonesen äßen alles, was vier Beine hat, außer Tischen, alles, was schwimmt, außer Schiffen, und alles, was fliegt, außer Flugzeugen. Und sicherlich mögen Hühnerfüße und Qualle nicht unbedingt jedermanns Sache sein. Die Meisterschaft im Verwenden selbst ungewöhnlichster Zutaten sorgt aber auch für eine faszinierende Vielfalt auf der Speisekarte, die die Hongkonger Köche zudem um immer neue Kreationen bereichern.

Vor allem frisch muss alles sein. Hühner werden meist beim Kauf geschlachtet, Meerestiere schwimmen, bis der Gast bestellt, im Bassin. Der natürliche Geschmack der Zutaten soll zur Geltung kommen. Erreicht wird das auch durch die Zubereitungsarten – kurzes, scharfes Braten oder Dünsten – und den besonnenen, ja sparsamen Einsatz von Gewürzen. Was bestellt man? Meeresfrüchte sind natürlich erste Wahl. Nie verkehrt liegt man mit Schwein und Geflügel. Und sehr lecker ist gebratene Ente; man stippt sie in süßliche Pflaumensauce. Wer die Tiere lieber leben lässt, findet hervorragende vegetarische Gerichte, oft mit erstaun-

Gourmettempel und Garküchen: Jeden Tag locken neue kulinarische Höhenflüge, und das nicht nur bei chinesischer Küche

lichen Imitationen von Fisch und Fleisch. Die größte Attraktion sind freilich die Dimsum *(dim sum,* sprich: *dim sam,* mit scharfem „s"*)*. Das ist kein Gericht, sondern der essbare Part von *yam cha,* der kantonesischen Teekultur. Vom frühen Morgen bis zum Nachmittag werden in den Teehäusern und Restaurants kleine Köstlichkeiten zum Tee serviert – mit Garnelen oder Schweinefleisch gefüllte Teigtaschen, Rippchen in Pflaumensauce, mit Lotoskernpaste gefüllte frittierte Bällchen und Dutzende anderer „Herztreffer", wie *dim sum* übersetzt heißt. In manchen Läden werden sie auf Büfettwagen durch die Tischreihen geschoben, woanders sind sie auf Bestellzetteln anzukreuzen. Wenige Hongkong-Erlebnisse sind so beeindruckend und authentisch, wie an einem INSIDERTIPP Sonntagmittag *yam cha* („Tee trinken") zu gehen, wenn ganze Familien die oft riesig großen und aufwendig dekorierten Teehäuser bevölkern und ein Heidenlärm herrscht.

Von der Vielfalt bester Zutaten und dem hohen kulinarischen Standard profitieren in Hongkong auch die anderen Regionalküchen Chinas, die hier mindestens genauso gut schmecken wie in ihrer jeweiligen Heimat: Die Pekinger Küche glänzt mit Pekingente, Feuertopf und Teigspeisen, die ostchinesische Küche aus Shanghai und Hangzhou steht für durchweg aus verschiedenen Kategorien – Ente, Huhn, Schwein, Garnelen, Fisch und so weiter –, dazu eine Suppe. Bei dem großen Angebot an Meeresfrüchten können Sie sich auch eine rein maritime Tafel zusammenstellen.

Retter der Tafelrunde: Je mehr mitessen, desto größer die Auswahl auf dem Tisch

etwas kräftigere Gerichte (teils mit Teeblättern aromatisiert), für Sichuan sind scharf gewürzte Speisen typisch. Nicht zu vergessen die Chaozhou-Küche mit ihren oft deftigen Speisen. Berühmt – und sehr teuer – sind die Vogelnester. Ebenso denkwürdig: der starke, bittere Chaozhouer Verdauungstee, der aus winzigen Tässchen getrunken wird.

Um richtig chinesisch zu essen, muss man zu mehreren sein. Da nicht jeder für sich bestellt und dann nur „sein" Gericht verzehrt, sondern sich alle alles teilen, steigt der Genuss mit der Größe der Gruppe. Einer übernimmt beim Bestellen die Regie. Gewöhnlich rechnet man ein Gericht mehr, als Esser da sind, und wählt

Fast alle bedeutenderen Restaurants haben englische Speisekarten, ansonsten findet sich meist auch ein hilfreicher Kellner, sofern das Lokal nicht zu voll ist. Bei den meisten Restaurants sollte man zeitig einen Tisch reservieren.

Das ideale Getränk zu kantonesischem Essen ist Tee – vor allem unfermentierter grüner und halbfermentierter Wulong-Tee. (Die Blätter werden zweimal neu aufgebrüht.) Das Weinangebot ist in den chinesischen Restaurants oft mager. Da liegt man mit Bier schon richtiger, vor allem bei den kräftigeren Speisen der anderen Regionalküchen. Eine ideale Erfrischung unterwegs sind frisch gepresste Säfte von den Obstständen sowie gekühlte Sojamilch (als „Vitasoy" im Handel).

ESSEN & TRINKEN

Für Hongkongs kulinarische Vielfalt sorgt auch die ausländische Küche. Bei Indern und Indonesiern kommen die Curryfreunde, bei Koreanern und Thais die Chilifans auf ihre Kosten, bei den Japanern die Liebhaber von frischen Zutaten und rohem Fisch. In Hongkong europäisch essen zu gehen, ist nicht nur etwas für Heimwehgeplagte, denn viele Küchenchefs haben sich hier von den andersartigen Zutaten und Zubereitungstechniken zu neuen Kreationen inspirieren lassen. Allerdings liegen die Preise oft auf gehobenem europäischem Niveau.

Das Frühstück ist in den großen Hotels tadellos, aber unverhältnismäßig teuer. Eine preisgünstige Alternative mit Milchkaffee, Croissants etc. bieten die Filialen von *Délifrance*, z. B. *New Mandarin Plaza | 14 Science Museum Road* (135 D5) (*Ø F8*) und *1/F, Worldwide Plaza | Pedder Street* (137 D–E3) (*Ø C11*). Wer morgens auch mit Tee auf Trab kommen kann, sollte mal mit Dimsum im Teehaus in den Tag starten, z. B. ab 7.30 Uhr im *Jade Garden* (138 C4) (*Ø G12*) (*Causeway Plaza II | Percival Street/Ecke Lockhart Road, Eingang Lockhart Road*).

Manche speziellen Lokale widmen sich komplett den Süßspeisen. Himmlich ist INSIDER TIPP *Honeymoon Dessert*, z. B. *Shop 3001-D3, Gateway Arcade | Canton Road* (134 C5) (*Ø E9*) und *Western Market* (136 C2) (*Ø B10–11*).

CHINESISCHE KÜCHE

Die Preiskategorien beziehen sich auf Bestellungen à la carte, jedoch ohne teure Spezialitäten wie Abalone oder Schwalbennester.

BO INNOVATION (廚魔)
(138 A4) (*Ø E12*)
Molekularküche auf Chinesisch. Manche finden sie zu experimentell, aber spannende Neulandexpeditionen sind garantiert. Die Eröffnung des Restaurants war sogar dem „Wall Street Journal" einen Artikel wert. Der Spaß kostet allerdings: ab 110 Euro. *60 Johnston Road | 莊士敦道 60 | Eingang Ship Street | Tel. 28 50 83 71 | www.boinnovation.com | MTR Wan Chai |* €€€

CHUEN KEE (全記海鮮菜館) ★
(143 E3) (*Ø 0*)
Ein Ausflugsziel! Hier kommen Fisch und Meeresfrüchte frisch aus dem Bassin. Sie können sogar draußen sitzen und auf die Boote gucken, die im Hafen dümpeln. Das Restaurant ist auf Ausländer eingestellt und hat gekühlten Weißwein da. *Sai Kung | 53 Hoi Pong Street | 海傍街 53 | Hafenpromenade, Südende hinterm Schmucktor | Tel. 27 911195 | Bus 92 ab MTR Diamond Hill |* €€–€€€

MARCO POLO HIGHLIGHTS

★ **Chuen Kee**
Meeresfrüchte frisch aus dem Wasser, dazu Hafenblick und Wein → S. 57

★ **Din Tai Fung**
Der Teigtaschenkönig: nicht gemütlich, aber mmh! → S. 58

★ **Yung Kee**
Der Inbegriff Hongkonger Teehaus- und Essenskultur → S. 61

★ **Peak Lookout**
In einem alten Kolonialbau erwartet Sie Hongkongs schönstes Restaurant → S. 63

★ **Penthouse**
Paella mit Hongkongflair, Pasta mit Panorama → S. 63

CHINESISCHE KÜCHE

CRYSTAL JADE (翡翠拉麵小籠包)
(134 B–C5) (*m* D–E9)
Die trendige Interpretation Shanghaier Volksküche. Wer Glück hat, kann sie hier sogar mit ☀ Hafenblick genießen. Es gibt köstliche Teigtaschen, und die Nudelportionen sind zum Sattwerden. Die Wartezeit auf einen freien Platz – am Eingang Zahl der Esser eingeben und Nummer ziehen – lässt sich gut mit einem Schaufensterbummel verkürzen. *Shop 3328, Gateway Arcade Harbour City | 海港城港威商場 | Tel. 26 22 26 99 | MTR Tsim Sha Tsui | weitere Filialen | €*

DIN TAI FUNG (鼎泰豐) ★
Die leckeren Teigtaschen und anderen kleinen Speisen taiwanisch-shanghaier Herkunft sind ohne vorheriges Schlangestehen kaum zu haben. Für die zarten *xiaolongbao*, die neben fester Füllung auch heiße Brühe enthalten, liegt extra eine Verzehranweisung aus. *68 Yee Wo Street | 怡和街 68 | Tel. 31 60 89 98 | MTR Causeway Bay (139 D4) (m G12); 3/F, 30 Canton Road | 廣東道 30 | Tel. 27 30 69 28 | (134 C5) (m E9) | €*

INSIDER TIPP KUNG TAK LAM (功德林) 🌱 ☀ (134 C5) (*m* E9)
Shanghainesisch-vegetarisch essen in modernem Ambiente mit Hafenblick! Die Zutaten kommen aus eigenem Bioanbau. Großartig für mittägliche Dimsum. *1 Peking Road | 北京道 1 | 7. OG | Tel. 23 12 78 00 | MTR Tsim Sha Tsui | €*

INSIDER TIPP LUK YU (陸羽茶室)
(137 D3) (*m* C11)
Eine Reise in die Vergangenheit! Das mehrgeschossige Teehaus-Restaurant, nach dem Schutzpatron des Tees be-

LIEBLINGS(ADR)ESSEN

Intim und scharf!
Gemeint ist hier natürlich das Lokal. Denn das *Da Ping Huo* (大平伙) **(136 C2)** (*m* B11) ist doppelt ungewöhnlich: erstens klein, mit nur sechs Tischen, und zweitens gibt's authentisch scharfe Sichuanküche. Dazu gefällt das coole Design mit den modernen Gemälden und Schwarz-Weiß-Fotos. Ein echter Schnapper ist das Lunchmenü mit fünf Gängen in kleinen Portionen. Das weiß besonders zu schätzen, wer allein unterwegs ist. *49 Hollywood Road | 荷李活道 49 | Eingang in der Graham Street | Tel. 25 59 13 17 | MTR Sheung Wan | €€*

Sozial veranlagt
Das *Social Place* (唐宮小聚) **(137 D2)** (*m* B11) ist wirklich ein Treffpunkt und nichts für intime Zweisamkeit, auch wenn es reichlich Zweiertische gibt. Während mittags zu den leckeren Dimsum die Büroleute einfallen, treffen sich abends west-östliche Freundescliquen. Was alle magisch anzieht, ist die moderne Kantonküche mit innovativen Rezepten und schön kleinen Portionen, sodass man viel Verschiedenes probieren kann. Ein echter Spaß ist „eggs ain't that simple": Sichuan-Huhn, das mit zwei halben rohen Eiern auf den Tisch kommt. Aber das scheinbare Eigelb drin ist keins. Was dann? Probieren Sie's aus. Noch eine Warnung: Beißen Sie nie in die Sichuanpfeffer-Zweige! Dran lecken geht gerade noch. *2/F The L.Place | 139 Queen's Road Central | 皇后大道中 139 | Tel. 35 68 96 66 | MTR Sheung Wan | €€*

ESSEN & TRINKEN

Maxim's Palace – kantonesisches Teehausambiente in Bestform

nannt, wurde 1933 eröffnet und ist mit seiner originalen Innenausstattung und den ähnlich alten, gestrengen Kellnern ein lebendes Denkmal. Am schönsten morgens *(ab 7 Uhr)* oder mittags bei Tee mit Dimsum *(dann €€)*. *24–26 Stanley Street | 士丹利街 24–26 | Tel. 25 23 54 64 | MTR Central | abends €€€*

MANCHU CHINA RESTAURANT (滿漢居) (137 D3) (*m B11*)

Das freundliche kleine Lokal in SoHo serviert nordchinesische Küche, darunter Jiaozi-Teigtaschen nach Pekingart und verschiedene süßsaure Gerichte. *Nur abends | 33 Elgin Street | 伊利近街 33 | Tel. 22 44 39 98 | €€*

MAXIM'S PALACE (美心皇宮) ● (137 E3) (*m D11*)

Dass der Hafenblick heute vor allem auf Baustellen fällt, hat der Beliebtheit dieses Teehaus-Restaurants mit typischer Atmosphäre nicht geschadet. Die Damen, die die Dimsum-Wägelchen herumschieben, können sogar etwas Englisch. So wird einem das Reinschnuppern in die klassische kantonesische Teehauskultur leichtgemacht. *Dimsum tgl. 11–15, So ab 9 Uhr | 2/F, City Hall | 5–7 Edinburgh Place | 愛丁堡廣場 5–7 | Tel. 25 11 31 03 | MTR Central | €€*

INSIDER TIPP NANHAI NO. 1 (南海一號) (134 C5) (*m E9*)

Kantonesisch essen im 30. Stock! Besonders grandios sitzt es sich an den Zweiertischen direkt am Fenster. Hier und in der zweiten Reihe, ebenfalls mit Panoramablick auf Victoria Harbour und die Insel, gilt ein Mindestverzehr von 500 $ pro Person – doch es lohnt sich! *iSquare | 63 Nathan Road | 彌敦道 63 | Tel. 24 87 36 88 | MTR Tsim Sha Tsui | €€€*

PEKING GARDEN (北京樓) (137 E3) (*m C11*)

Die Spezialität ist Pekingente, aber es gibt auch Bettlerhuhn und Gerichte anderer Regionalküchen. Ein allabendlicher Spaß ist die INSIDER TIPP Nudelvorführung (gegen 20 Uhr): Spaghettiziehen

CHINESISCHE KÜCHE

SPEZIALITÄTEN

DIMSUM

Dimsum-Karten gibt es meist nur auf Chinesisch. In englischen Übersetzungen kommen folgende Begriffe vor:
B. B. Q. – Barbecue: gegrilltes Schweinefleisch, hier als Füllung einer Teigtasche
Bun – Teigtasche, meist aus Hefeteig, manchmal süß
Dumpling – Teigtasche, meist aus Reismehl hergestellt, gedämpft (Foto li.)
Spring roll – Frühlingsröllchen, frittiert
Taro – Taroteig, mit Mehl aus der Wurzel der Taro-Pflanze, gewöhnlich als Teigtasche mit einer Fleisch-Gemüse-Füllung
Tart – Mürbeteigtörtchen, oft mit *custard*, süßer Eiercreme

CHINESISCHE GERICHTE UND ZUTATEN

Abalone – Haftfuß einer Meeresschnecke, frisch oder getrocknet
Beggar's chicken – „Bettlerhuhn": im Tonmantel im eigenen Saft gegartes, ganzes Huhn
Bird's nest – Nest einer Höhlenschwalbe, als Suppe serviert, oft als Dessert
Congee – Reissuppe, entweder *plain* (ohne Zutaten) oder mit Gemüse oder Fleisch
Double sauteed pork – zweimal gebratenes Schweinefleisch
Fish ball – zu weißen Kugeln geformtes Fisch- und Garnelenfleisch, in Brühe serviert
Garoupa – Barsch
Hainan chicken – Huhn mit Ingwermarinade auf Reis
Hairy crab – Wollhandkrabbe, eine Delikatesse im Herbst und Winter, gekocht
Hot pot – „Feuertopf", Fleisch-, Fisch- und Gemüsefondue
Lo Hon vegetable – diverses Gemüse (buddhistische Fastenspeise)
Peking duck – die Pekingente wird mariniert und im Ofen gegart, köstlich schmeckt vor allem die krosse Haut
Wonton – mit Garnelenfleisch gefüllte Teigtasche in Brühe (Foto re.)
Yangchow fried rice – Reisgericht aus der Pfanne mit Hühnerfleisch, Ei, Erbsen, Garnelen, Pilzen und anderen Zutaten

ESSEN & TRINKEN

mit bloßen Händen! *Alexandra House | 16–20 Chater Road | 遮打道 16–20 | Tel. 25 26 64 56 | MTR Central, im Ausgang H; Filiale ohne Nudelshow: Star House | 3 Salisbury Road | 梳士巴利道 3 | Tel. 27 35 82 11* (134 C6) (*E9*) | €€

TIM'S KITCHEN (桃花源)
(136 C2) (*B11*)

Die Neudefinition des Teehaus-Restaurants: zurückhaltende Dimensionen statt Riesensaal, dezente Einrichtung mit chinesischen Elementen statt prunkendem Rot und Gold. Anders macht es auch die Küche, die altbeliebte Gerichte neu interpretiert und innovative Rezepte ergänzt. Also viel Genuss in angenehmem Ambiente. Bestellprobleme? Dank englischer Dimsum-Karte gelöst! Letzte Dimsum-Order um 14.30 Uhr. *84–90 Bonham Strand | 文咸東街 84–90 | Tel. 25 43 59 19 | MTR Sheung Wan* | €€

YÈ SHANGHAI (夜上海)
(134 C5) (*E9*)

In nostalgischem Dreißigerjahre-Dekor werden Spezialitäten aus der unteren Jangtseregion serviert – auf kulinarisch hohem Niveau: ein Michelinstern! *Marco Polo Hotel | 3 Canton Road | 廣東道 3 | Tel. 23 76 33 22 | MTR Tsim Sha Tsui* | €€

YUNG KEE (鏞記) ★ (137 D3) (*C11*)

Die Goldfassade, drei Etagen hoch, verheißt: Hier ist man stolz auf Hongkongs Neureich-Tradition. In der Tat: Das Lokal besteht seit 1942. Betreten Sie es also mit würdig erhobenem Haupt, wobei Sie es vornehm ignorieren, wenn zwei Kellner gerade eine der riesigen runden Tischplatten herbeiwuchten, um einen Tisch aufs Zwölf-Personen-Format zu bringen. Natürlich wird alles serviert, was zur populären, klassischen Kantonküche gehört. Von der Spezialität des Hauses, über Holzkohle gegrillte Gans, bekommen Sie auch beim praktischen Zwei-Personen-Menü etwas ab. Sehr gut auch für sonntägliche Dimsum (ab 11 Uhr). *32–40 Wellington Street | 威靈頓街 32–40 | Tel. 25 22 16 24 | www.yungkee.com.hk | MTR Central* | €€€

KÜCHEN ANDERER LÄNDER

BÊP (137 D3) (*B11*)

Per Rolltreppe nach Vietnam – eine Kurzreise per Central Escalator und schon sind

Hacken, Brutzeln, Dünsten: Im Restaurant Yung Kee wird klassische Kantonküche zelebriert

KÜCHEN ANDERER LÄNDER

Sie da! Aber Vorsicht, die leckere Pho-Nudelsuppe, die diversen Salatrollen und andere Klassiker haben oft einen Nebeneffekt: Schlangen vorm Eingang. Zu den Stoßzeiten jedenfalls, denn SoHo ist eine angesagte Gegend. Zur Belohnung fürs Anstehen ordert man ein Gurken-Minze-Limonen-Soda. Für den kleinen Appetit ist ein vietnamesisches Baguette ideal. *9–11 Staunton Street | 士丹頓街 9–11 | Zugang über Seitengasse der Shelley Street | Tel. 25 22 75 33 | €*

CAPRICE ✳ (137 D2) (*C11*)

Die französische Haute Cuisine im kulinarischen Flaggschiff des Four Seasons Hotels wetteifert mit dem Blick in die offene Küche und dem Hafenpanorama. Drei Michelinsterne. Ab 120 Euro. *8 Finance Street | 金融街 8 | Tel. 31 96 88 60 | MTR Central, Hong Kong | €€€*

INSIDER TIPP COLETTE'S (藝穗會餐廳)
(137 D3) (*C12*)

Gastronomischer Mehrwert: Auf der obersten Etage des Fringe Clubs wird um 12 Uhr ein vegetarisches Lunchbüfett aufgebaut. Das Beste ist die geräumige Dachterrasse. Kommen Sie vor 14 Uhr her, sonst müssen Sie mit den Resten vorliebnehmen. *2 Lower Albert Road | 下亞厘畢道 2 | MTR Central | €*

GAYLORD (爵樂印度餐廳)
(134 C5) (*E9*)

Hongkongs bekanntester Inder macht seine Gäste schon seit 1972 satt und glücklich. Auch vegetarische Gerichte sind zu haben. Gepflegte Atmosphäre, abends mit Livemusik. *23–25 Ashley Road | 亞士厘道 23–25 | Tel. 23 76 10 01 | MTR Tsim Sha Tsui | €€*

GREYHOUND CAFÉ (134 B–C6) (*E9*)

Italienisch-thailändische Küche, vielseitig und zu fairen Preisen. Besonders gut schmecken die Desserts und die alkoholfreien Fruchtsaftcocktails. *G/F, Ocean Terminal, Harbour City | 海港城海運大廈 | Tel. 23 83 66 00 | MTR Tsim Sha Tsui | €*

INSIDER TIPP MANA! ✿
(137 D2) (*C11*)

„Fast slow food" lautet die Werbung für diesen vegetarisch-veganen Bio-Imbiss. Winzig ist er – den einzigen großen Tisch teilt man sich mit anderen Gästen –, aber man kann auch draußen sitzen (hinten oben in einem hongkongtypischen Spalt zwischen Hochhäusern oder vorn an der Straße). Das Wichtigste: Die Sachen sind echt lecker und die Portionen reichlich.

LOW BUDGET

Volksküche: Mit Nudelsuppen, Reissuppen oder Yangzhou-Bratreis wird man schon für weniger als 80 $ satt. Eine gute Adresse ist *Tsim Chai Kee* **(137 D2)** (*B–C11*) *(98 Wellington Street | Shop B | MTR Central)* – das beste von mehreren ähnlichen Lokalen in der Straße; es ist identifizierbar am breiten Schaufenster.

Mittagstisch: Der Tipp für alle Preislagen – montags bis freitags werden damit selbst Gourmetlokale erschwinglich. Wichtig: vor 13 Uhr da sein – dann beginnt in den Büros die Mittagspause und es wird voll.

✳ *Cooked Deli* **(134 B5)** (*E9*) *(Harbour City, Gateway 3001):* Ein Garküchenmarkt mit Hafenblick im klimatisierten Shoppingtempel. Und so geht's: Gericht aussuchen, Nummer merken, an der Kasse zahlen, dann bestellen.

ESSEN & TRINKEN

Man zahlt vorab an der Kasse. *92 Wellington Street | 威靈頓街 92 | MTR Central | €*

PEAK LOOKOUT (太平山餐廳) ★
(136 C5) (*ɯ* B13)

Hongkongs schönstes Restaurant versteckt sich gegenüber dem Peak Tower

PIZZA EXPRESS (138 A4) (*ɯ* D–E12)

Schick-modernes Lokal mit offener Küche und in einer angesagten Gegend. Nehmen Sie z. B. die vegetarische INSIDER TIPP Trifolata, die mit Trüffelöl zubereitet wird: Da werden neapolitanische Pizzabäcker blass vor Neid. Auch viele andere Gerichte stehen zur Aus-

Schmackofatz: im Peak Lookout asiatisch-westliche Köstlichkeiten futtern

hinter reichlich Grün. Es glänzt mit vielseitiger panasiatischer Küche, vor allem aber mit dem unvergleichlichen Ambiente eines kolonialen Altbaus samt Veranda und schattigem Garten. *121 Peak Road | 山頂道 121 | Tel. 28 49 10 00 | €€€*

PENTHOUSE ★ ☼ (138 C3) (*ɯ* G12)

Ein super Hongkongpanorama, feine Gerichte aus Italien und Spanien sowie eine kluge Mischung aus Bedienung am Tisch und Büfett für Salate und Desserts. Das Tollste ist die Terrasse eine Etage höher. *30/F, Soundwin Plaza | 1–29 Tang Lung Street | 登龍街 1–29 | Tel. 29 70 08 28 | www.penthouse-dining.com | MTR Causeway Bay | Menü €€, à la carte €€€*

wahl. Mehrere Filialen. *23 Wing Fung Street | 永豐街 23 | Star-Street-Karree | Tel. 35 28 05 41 | www.pizzaexpress.com.hk | MTR Admiralty | €–€€*

XENRI NO TSUKI (千里之月)
(139 D4) (*ɯ* G12)

Na gut, billig ist es auch hier nicht. Aber wer mal richtig fein japanisch essen möchte, muss weniger tief in die Tasche greifen als anderswo. Der Tipp: Am Tresen sitzen und zuschauen, wie der Koch seine Kunstwerke fabriziert – in diesem gut versteckten Lokal ist das Essen ein echter Augenschmaus. *6/F, Jardine Centre | 50 Jardine's Bazaar | 渣甸街 50 | Tel. 25 76 18 80 | MTR Causeway Bay | €€€*

Bild: Einkaufszentrum Pacific Place

EINKAUFEN

CITY WOHIN ZUERST?

Wer nur für einen Tag in Hongkong ist und nichts Bestimmtes sucht, hat bei einem Marktbummel in **Stanley (U D6)** *(🕮 0)* wohl am meisten Spaß. Das größte Warenangebot auf engem Raum bieten die Stadtteile Causeway Bay und Mong Kok. Luxusgeschäfte konzentrieren sich im Central District. Zu meiden sind die Läden in Tsim Sha Tsui im Bereich der Nathan Road: teuer, touristisch und oft unsolide. Schnäppchen bei billigen bis höchstens mittelpreisigen Waren lassen sich auf dem **Temple-Street-Nachtmarkt (134 C3)** *(🕮 E7)* machen.

Nach Hongkong zum Einkaufen, na klar! Doch besonders die exorbitanten Ladenmieten lassen den Händlern wenig Spielraum. Längst nicht jeder Kauf ist daher ein Schnäppchen.

Kleidung, Taschen, Accessoires und Haushaltswaren sind auf Straßenmärkten billig. Markenware aus Europa ist nur wenig preiswerter (teilweise teurer) als daheim und wird nur geführt, wenn sie in Hongkong Prestigewert besitzt. Sehr teuer sind Alkohol und Tabak. Sonderrabatte auf viele Waren gibt's das ganze Jahr über. Feste saisonale Schlussverkaufszeiten hat die Stadt nicht. Kaufen Sie hochwertige Artikel nur in Fachgeschäften bzw. bei Vertragshändlern *(authorized dealers)* und am besten bei solchen Firmen, die das Qualitätssiegel des Frem-

Shopping fast ohne Grenzen: Das Einkaufsparadies ist teurer geworden – und doch muss am Ende oft ein Extrakoffer her

denverkehrsamts (Hong Kong Tourism Board, HKTB) haben – ein goldenes Q mit einem chinesischen Zeichen drin. Es steht für geprüfte Qualität bei Produktkenntnis, Beratung, Ehrlichkeit usw. Die entsprechenden Geschäfte finden Sie, sortiert nach Warengruppen und Stadtteilen, über *short.travel/hon3,* oder Sie wenden sich an die HKTB-Besucherzentren oder nutzen den heißen Draht des *HKTB: Tel. 25 08 12 34.*

Bei Technik (Fotoapparate, Videokameras, Hi-Fi-Geräte etc.) sollten Sie schon vorher möglichst genau wissen, welches Fabrikat und welches Modell infrage kommt, denn die Fachberatung lässt oft sehr zu wünschen übrig. Die örtlichen Einzelhandelsrichtpreise können Sie bei den Hongkonger Niederlassungen der jeweiligen Markenfirmen erfragen. Die HKTB-Büros können Ihnen die betreffenden Adressen heraussuchen.

In Kaufhäusern, Supermärkten und bei reduzierten Waren gelten Festpreise. In Kamera- und Hi-Fi-Läden, bei Schmuck, Uhren und ähnlichen Artikeln sowie auf

BRILLEN & KONTAKTLINSEN

Im riesigen Times Square bummeln, anprobieren, Tüten schleppen – das Workout für Shopaholics

Straßenmärkten werden dagegen oft Nachlässe eingeräumt, deren Höhe im Prinzip Verhandlungssache ist. Bei deutlich über 10 Prozent für hochwertige Waren muss jedoch vermutet werden, dass der Händler Sie betrügen will. Auf Einkäufe mit Kreditkarte wird meist kein Rabatt gewährt. Sagen Sie es frühzeitig, wenn Sie unbar zahlen möchten.

Verlangen Sie bei Geräten eine weltweit gültige Garantie sowie eine Betriebsanleitung in einer Ihnen verständlichen Sprache. Manches ist nur deshalb billiger, weil die Garantie nur für Hongkong gilt. Leisten Sie keine Anzahlungen, allenfalls in geringer Höhe bei Firmen mit Q-Siegel. Bei Auftragsarbeiten (Schneider, Optiker) wird allerdings eine Anzahlung von mindestens 50 Prozent erwartet.

Mehr als für Schnäppchen lohnt sich Hongkong für Fernostwaren, vor allem für Chinatypisches. Es ist zwar teurer als in China selbst, aber dafür kriegt man meistens die beste Exportqualität. Typisch ist auch Jade (s. „Schmuck"). Zu Haushaltswaren vom Dämpfkorb bis zum Küchenbeil führt die Erlebnistour 2, zu Trödel und Kunst (s. auch „Kunst, Antikes, Trödel") Tour 4.

BRILLEN & KONTAKTLINSEN

Optical 88 hat Filialen in allen Stadtteilen. Wer für etwas richtig Schickes mehr anlegen will, geht zu *Eye'n-I* (137 D3) (*M C11*) (*30 Queen's Road Central | MTR Central*). Aber der echte Hammer in Sachen Preise und Vielfalt ist INSIDERTIPP *New Fei Optical* (132 B6) (*M D5*) (*7–9 Mong Kok Road | www.newfei.com.hk/en | MTR Mong Kok, Ausgang 2*) in Mong Kok.

BÜCHER

SWINDON BOOK CO. (134 C5) (*M E9*) Bester englischer Buchladen der Stadt, mit einer reichen Auswahl an China- und Hongkong-Titeln. *13–15 Lock Road | 樂道 13–15 | MTR Tsim Sha Tsui*

EINKAUFEN

COMPUTER

Auch wenn's nur eine Speicherkarte sein soll: Die labyrinthischen Elektronikmärkte mit ihren (gefühlt) tausend winzigen Lädchen, alle vollgestopft mit neuester oder preisreduzierter älterer Elektronik, sind immer ein Erlebnis. Hier gibt es neue Modelle chinesischer Hersteller oft schon früher als in Europa. Zentral gelegen ist das *Wanchai Computer Centre* (138 B4) (*m E12*) (*130 Hennessy Road | MTR Wan Chai*). Ähnlich, doch noch größer und tendenziell billiger: die INSIDERTIPP *Golden Computer Arcade* (132 A4) (*m D3*) (*146–152 Fuk Wa Street | MTR Sham Shui Po, Ausgang D*).

EINKAUFSZENTREN

Klimatisierte Konsumtempel mit laufenden Metern europäisch-amerikanischer Modemarken: Ob man das genießt oder lieber einen Bogen darum macht, ob sie schick und modern oder eher steril rüberkommen, wird jeder für sich selbst entscheiden. Tatsache ist, Hongkonger finden's hier super. An Wochenenden kommen sie gern familienweise, und sei es nur zum Schaufensterbummel. Immerhin: Bei tropischen Regengüssen kann man sich hier schon eine gute Weile beschäftigen. Am besten gefällt wohl die ★ *IFC Mall* (137 D–E2) (*m C11*) (*MTR Central, Hong Kong*); großzügig und vielseitig ist sie, toll gelegen und es gibt auch nicht nur teure Restaurants. Der ★ ● *Times Square* (138 C4) (*m G12*) (*MTR Causeway Bay*) beeindruckt mit seiner riesigen Atriumhöhlung und einem reichen kulinarischen Angebot oberhalb und unterhalb der elf Verkaufsetagen. Auch beliebt: *Pacific Place* (137 F3–4) (*m D12*) (*MTR Admiralty*).

In Kowloon warten auf Shoppingwütige die zusammenhängenden, labyrinthartigen Komplexe *Ocean Terminal*, *Ocean Centre* und *Gateway Arcade*. Sie heißen zusammen *Harbour City* (134 B–C 5–6) (*m D–E9*). Allein einmal alle Ladenfronten abzugehen, dauert dort Stunden. Spektakulär und schon wegen der Ar-

---

MARCO POLO HIGHLIGHTS

★ IFC Mall
Großzügig, vielseitig, in einer super Lage – kurz: der Shoppingmagnet im Zentrum → S. 67

★ Times Square
Geschäfte auf ganzen elf Etagen und zum Auftanken leckeres Essen → S. 67

★ Shanghai Tang
Kleider, Stoffe, Schachteln, Taschen: China-Nostalgie pur → S. 68

★ Granville Road
Kleidungsschnäppchen in Tsim Sha Tsui → S. 69

★ Hollywood Road und Cat Street
Schatzkiste und Fundgrube für Trödel und alte Kunst → S. 70

★ Chinese Arts and Crafts
Jede Menge Auswahl an exotischem Kunsthandwerk aus China → S. 71

★ Stanley Market
Für Schnäppchenjäger: Es wartet billige Freizeitmode und vieles mehr → S. 71

★ Temple Street
Auf Hongkongs beliebtem Nachtmarkt könnte man ewig stöbern → S. 72

ELEKTRONISCHE & OPTISCHE GERÄTE, KAMERAS

chitektur einen Besuch wert ist *Langham Place* (134 C1) (*E5*) *(MTR Mong Kok)*.

ELEKTRONISCHE & OPTISCHE GERÄTE, KAMERAS

Es lohnt kaum noch, sich in Hongkong eine Kamera zu kaufen. Haben Sie Ersatzbedarf, gehen Sie am besten gleich in die INSIDER TIPP *Sai Yeung Choi Street* (134 C1) (*E5–6*) *(MTR Mong Kok)* ab Nelson Street südwärts; dort führen mehrere Elektronik- und Kameraläden gängige Ware zu niedrigen Festpreisen. Hi-Fi- und Videogeräte sowie Kameras zu reellen Preisen verkaufen auch die Technikmärkte *Fortress* und *Broadway* mit Filialen in allen Malls, z. B. im 3. Stock des *Ocean Centre* (134 C5) (*E9*) und im 7./8. Stock des *Times Square* (138 C4) (*G12*). Achten Sie darauf, dass man Ihnen die Sachen einpackt, für die Sie bezahlen. Denken Sie bei Videogeräten auch an die Kompatibilität.

KAUFHÄUSER & BESONDERE LÄDEN

GOODS OF DESIRE (GOD)

In Sachen Hongkonger Design war und ist GOD erfolgreicher Pionier. Ob Taschen, Regenschirme, Puschen, Haushaltswaren … kreativ und witzig sind die Sachen und haben gern einen erkennbaren Ortsbezug. Souvenirtauglich also! *PMQ (EG des Südflügels) | 35 Aberdeen Street | 鴨巴甸街 35* (136 C2) (*B11*) *| und weitere Filialen | www.god.com.hk*

INSIDER TIPP HORIZON PLAZA (新海怡廣場) (140 A5) (*B18*)

Lagerverkauf auf 28 Etagen! Shoppingenthusiasten können hier leicht einen ganzen Tag auf Entdeckungstour gehen, wobei auch einiges an Skurrilem staunen macht. Edelmode zu Billigpreisen gibt es bei *Joyce (21. Stock), Armani (22. Stock)* und *Lane Crawford (25. Stock),* aber auch für Spielzeug und Wohnaccessoires lohnt die lange Anfahrt. Vom Kaufrausch erholen kann man sich im *Tree Café (28. Stock). Ap Lei Chau | 2 Lee Wing Street | 利榮街 2 | MTR South Horizons, Ausgang C*

MUJI (無印良品)

Schlichtheit als Kult – und als Teil des Hongkonger Lebensgefühls! Dass es 16 Filialen gibt, sagt schon alles. Japanisches Design gilt in Hongkong als führend und Muji verkörpert es bestens, fern aller Tradition, die hier niemanden kratzt. Zum Stöbern verlockt ein kaufhausbreites Sortiment vom Hemd bis zum Aktenordner, vom Sektglas bis zum Knabbergebäck. *Lee Theatre Plaza, 3. OG | 99 Percival Street | 波斯富街 99* (138 C4) (*G12*) *| MTR Causeway Bay; Shop 415, Ocean Centre | Canton Road | 廣東道* (134 C5) (*E9*) *und weitere Filialen | www.muji.com.hk*

SHANGHAI TANG (上海灘) ★
(137 D3) (*C12*)

Das witzig-farbenfrohe chinesische Kontrastprogramm zu Muji, allerdings deutlich edler und zu entsprechenden Preisen. Das Angebot umfasst Damenkleidung in klassisch chinesischen Schnitten, Stoffe und Schachteln, Kissen und Taschen sowie allerlei Kleinkram. *1 Duddell Street | 都爹利街 1 | MTR Central | und weitere Filialen | www.shanghaitang.com*

SOGO (崇光百貨)

Hongkongs größtes japanisches Kaufhaus: Mode, Delikatessen, Haushaltswaren, Kosmetik und vieles mehr, das meiste ist mittel- bis hochpreisig. *555 Hennessy Road | 軒尼詩道 555* (138–139 C–D4) (*G12*) *| MTR Causeway Bay; 20 Nathan Road | 彌敦道 20* (134 C6) (*E9*) *| MTR East Tsim Sha Tsui*

EINKAUFEN

YUE HWA CHINESE PRODUCTS
(裕华国货) (134 C4) (*m* E7)
Von Seiden-Cheongsams über Massagesessel und chinesische Arznei bis zu Kunsthandwerk: Mittelpreisige Konsumgüter aus China bilden den Schwerpunkt. Daneben wird auch internationale Markenware angeboten. *301–309 Nathan Road | 彌敦道 301–309 | MTR Jordan*

KLEIDUNG & ACCESSOIRES

Freizeit- und Sportkleidung gibt's zu attraktiven Preisen. Höherwertiges ist meistens teurer als in Europa, ab und an findet man aber stark reduzierte Ware. Die Haute-Couture-Boutiquen konzentrieren sich auf die Luxushotels und Einkaufszentren. Ein preislich breiteres Spektrum guter Qualitätsware hat das Kaufhaus Sogo. Ein Hotspot für junge Mode, Sport- und Freizeitkleidung ist die ★ *Granville Road* samt Seitengässchen zwischen der Carnarvon Road und der Chatham Road (134–135 C–D5) (*m* E–F8). Achten Sie auf *Maple, Cotton On, 6ixty8ight, Monki* und besonders auf die Minipassage *G-Square (46 Granville Road)* mit einigen kleinen Boutiquen, darunter INSIDER TIPP *Laanaa* für schicke Dessous; die Marke wurde von der als Model und Filmstar bekannten Chrissie Chau kreiert. Sie hat mit dem Label noch Großes vor. Hier ist die Keimzelle!
Stanley Market (U D6) (*m* O): Im Zentrum des alten Orts im Inselsüden drängen sich Läden und Stände voller Konfektionsware – Jeans, Seidenblusen, Pullover, Sport- und Freizeitkleidung. Vorsicht bei Markenimitaten!

INSIDER TIPP **ISLAND BEVERLEY, CAUSEWAY PLACE** (金百利商場, 銅鑼灣地帶) ● (139 D4) (*m* G12)
Labyrinthe mit lauter Miniboutiquen, so hip und hongkongtypisch, wie's nur geht. Am größten ist das Angebot an junger Damenmode; beide Adressen sind auch toll für ausgefallene Schuhe und für Handtaschen. Bei *Prestige*

Falls nach der Einkaufstour ein zweiter Koffer hermuss: Im Sogo gibt's auch den

KOFFER & TASCHEN

(Shop 816, UG/F, Island Beverley) können Sie sich sogar Ihre eigenen Entwürfe schustern lassen. Super ist auch *Minime (Shop 133, 1/F, Island Beverley)*: Dort zaubert man aus Porträtfotos Plastiken – Ihr dreidimensionales Konterfei! Eine Etage höher führt *Shop Nr. 226* irre Puzzles. Noch verrückter ist der ultimative Nippesladen *Favour Shop (Shop 134, 1/F, Causeway Place)* mit Kunstblumen unter der Glashaube und Miniaturmodellen von gedeckten Tischen – alle individuell gefertigt, samt dem darauf stehenden Kaffeeservice mit Kuchen oder Dimsum-Gedeck. Eine Etage höher gibt's bei *Carol's Workshop (Shop 220, 2/F, Causeway Place)* tausend Handyhüllen im Comicdesign, auch Hello-Kitty-Fans werden hier fündig.
Achtung: Die Läden öffnen erst ab Mittag! *Island Beverly: 1 Great George Street* | 記利佐治街 1 | *Eingang: East Point Road* | *www.islandbeverley.com.hk*; *Causeway Place: 2–10 Great George Street* | 記利佐治街 2–10 | *www.causewayplace.hk* | *MTR Causeway Bay*

LADIES' MARKET (女人街)
(134 C1) (*E5–6*)
An den zahllosen Ständen finden Sie zwar wenig Kleidung in europäischen Größen (Damen und Herren), doch es gibt auch Accessoires und Kinderkleidung. Nichts Hochwertiges, dafür größtenteils spottbillig. *Nachmittags und abends* | *Tung Choi Street* | 通菜街 | *südlich der Argyle Street* | *MTR Mong Kok*

LANE CRAWFORD (連卡佛)
Edelkaufhäuser mit internationaler Mode (auch Schmuck), Deko-Keramik und feinen Haushaltswaren. *Podium 3 International Finance Centre (IFC)* (137 E2) (*C11*) | *MTR Central, Hong Kong; Pacific Place* | *88 Queensway* | 金鐘道 88 (137 F3–4) (*D12*) | *MTR Admiralty*

KOFFER & TASCHEN
Die Auswahl ist riesig. Günstig kauft man in den chinesischen Kaufhäusern, billiger und überraschend gut auf dem *Temple-Street-Markt* (134 C3) (*E7*) und dem *Ladies' Market* in der Tung Choi Street (134 C1) (*E5–6*).

KUNST, ANTIKES, TRÖDEL
Vorsicht, Fälschung! Auch ein Echtheitszertifikat muss nicht echt sein und selbst die seriösesten Händler fallen auf Fälschungen herein. Trotzdem sind Sie dort am ehesten auf der sicheren Seite, wo Sie sorgsame Auslagen sehen, in denen jedes einzelne Stück zur Geltung kommt. Aber auch da, wo die Regale voll stehen wie auf dem Flohmarkt, mögen Sie etwas finden, das Ihnen gefällt, und sei es eine ehrliche Replik. Die sollte dann aber auch kein Vermögen kosten. Hoch im Kurs steht moderne Kunst aus China. Hongkongs Galerien lohnen den Besuch!

HOLLYWOOD ROAD UND CAT STREET (荷李活道 UND 摩羅上街) ★
Die Gegend der Antiquitäten- und Kunsthändler reicht vom oberen Ende der Wyndham Street (137 E3) (*C11*) bis zur Possession Street (136 C2) (*B11*). Von Porzellan und Jade über buddhistische Plastik, Teppiche und Möbel bis zu Tuschbildern, Lackwaren und aktueller Kunst (Letztere vor allem in der Wyndham Street) sind alle möglichen Schätze zu haben. Am meisten Spaß macht das Stöbern in der *Upper Lascar Row* (136 C2) (*B11*) *(MTR Sheung Wan)*, auch als „Cat Street" bekannt. Ob chinesisches Kunsthandwerk, gebrauchter Hausrat oder Devotionalien der Mao-Ära: Immer gibt's etwas zu entdecken. Denken Sie ans Feilschen! Zu beiden Straßen führt auch die Erlebnistour 4.

EINKAUFEN

Ganz im Süden von Hong Kong Island liegt die Ortschaft Stanley mit ihrem bunten Markt

MOUNTAIN FOLKCRAFT
(137 D3) (C11)
Halb im Keller versunken scheint dieser liebenswerte kleine Laden, der traditionelle Volkskunst führt, vorwiegend natürlich chinesische. Die zwei älteren Damen haben richtige Schätze in ihrem bunten Sortiment, aber die Preise sind sehr zivil. *12 Wo On Lane* | 和安里 *12* | *www.mountainfolkcraft.com* | *MTR Central*

YAN GALLERY (仁畫廊)
(137 D3) (B11)
Eine umtriebige Galerie für moderne Kunst. *1/F, 1 Hollywood Road* | 荷李活道 *1* | *MTR Central*

KUNSTHANDWERK

Die niedrigen Löhne in China und die traditionelle Kunstfertigkeit sorgen für ein reiches Angebot an Lackwaren, Porzellan, Schnitzwerk, Stickereien, Jadeschmuck und anderen exotischen Fernostwaren. Die Raffinesse und Eleganz alter Kunst ist jedoch oft schwer zu entdecken.

CHINESE ARTS AND CRAFTS (中藝) ★
Mit seinem reichen Sortiment ist der geräumige Laden Hongkongs beste Adresse für nichtantiquarisches Kunsthandwerk aus China. Das meiste mag man anderswo (vor allem in China selbst) billiger bekommen, doch hier ist die Auswahl am größten und die Qualität erstklassig. *China Hong Kong City (Zugang von außen)* | *Canton Road* | 廣東道 (134 B5) (D8); *Causeway Centre* | *28 Harbour Road* | 港灣道 *28* (138 B4) (E–F12)

MÄRKTE

STANLEY MARKET (赤柱市場) ★
(U D6) (O)
Vor allem Europäer und Amerikaner zieht es hierher – aus guten Gründen: Es gibt ein breites, fernosttypisches Sortiment, die Preise sind niedrig, das Ambiente exotisch. Der Schwerpunkt liegt auf Klei-

71

MUSIK

dung, doch der Markt im Süden der Insel ist auch eine Fundgrube für Schmuck, Spielzeug, Tischwäsche, Bilder und hübsches Kunsthandwerk. Achtung: Ladenschluss ist schon zwischen 17.30 und 18 Uhr. *Tagsüber | Busse 6, 6X ab Exchange Square*

TEMPLE STREET (廟街) ★
(134 C3) (*m* E7)
Hongkongs beliebter Nachtmarkt ist eine Attraktion. Besonders im südlichen Abschnitt gibt es eine außerordentliche Warenfülle gedrängt auf engstem Raum: Kleidung, Taschen, Sonnenbrillen, Spielwaren, Uhren, Elektronik neu und gebraucht. Der Markt setzt sich nördlich vom Tin-Hau-Tempel fort. An traditionellen Straßengarküchen, den Daipaidongs, stärkt man sich wie in alten Tagen. Versäumen Sie nicht, um den Parkhausblock südlich vom Tempel herumzugehen: Dort finden Sie Wahrsager, und Laienmusiker geben Kantonoper zum Besten. *Tgl. 18 bis gegen 23 Uhr | MTR Jordan*

LOW BUDG€T

Apliu-Street-Flohmarkt **(132 A4) (*m* C–D 3–4)** *(tgl. ab mittags | MTR Sham Shui Po):* Viel alter Krempel; superbillig für fabrikneuen Kleinkram wie Taschenlampen, Nagelknipser, Spielzeugautos, Ferngläser.

Fa Yuen Street **(132 B5–6) (*m* E5)** *(tagsüber | zwischen Prince Edward Road und Mong Kok Road | MTR Prince Edward, Mong Kok East):* Niedrige Preise und eine Atmosphäre wie vor 20 Jahren – Haushaltswaren, Spielzeug, Kinderkleidung, T-Shirts, Unterwäsche, Strickwaren, Taschen, Frottee, Obst, künstliche Blumen …

The Lanes **(137 D2) (*m* C11)** *(tagsüber | Li Yuen Street East & West | MTR Central):* Zwei Gässchen, wie man sie mitten in Central nie vermuten würde – Stände mit Kleidung, Schuhen, Modeschmuck, Taschen, Stoffen und anderem Kram zu Billigstpreisen, sofern Sie ordentlich feilschen.

MUSIK

Vorsicht vor Billig-CDs auf Straßenmärkten: Es sind miserable Raubpressungen.

HMV
In Hongkongs größtem Musikkaufhaus gibt es so ziemlich alles. *Shop UG06, UG Level, iSquare | 63 Nathan Road | 彌敦道 63* **(134 C5) (*m* E9) | *MTR Tsim Sha Tsui und weitere Filialen*

SCHMUCK

Der Zahl der Juweliere nach zu urteilen, scheint Schmuckaufen in Hongkong ein dringenderes Bedürfnis zu sein, als zu essen und zu trinken. Vor allem Touristen aus China haben mit ihrer Nachfrage nach Gold die Preise in die Höhe getrieben. Etwas Besonderes ist aber das chinesische Design. Gerade die in China so beliebte Jade hat etwas Zeitloses – ist aber leider auch teuer. Einen guten Überblick zu Angebot und Preisen erhalten Sie bei *Chinese Arts and Crafts (China Hong Kong City | Canton Road* **(134 B5) (*m* D8)**; *Causeway Centre | 28 Harbour Road* **(138 B4) (*m* E–F12))**.

Traumhaft schön ist alter chinesischer Schmuck, wie Sie ihn in bester Qualität bei *C. Y. Tse* **(137 E3) (*m* C11)** *(Shop 229 im Prince's Building | 10 Chater Road/Statue Square | MTR Central)* finden.

EINKAUFEN

JADEMARKT (玉器市場)
(134 C3) (*ϕ E7*)

Über 400 Kleinhändler breiten im Schatten der Stadtautobahn ein Kaleidoskop chinesischen Jadeschmucks aus. Lassen Sie sich als Laie nichts aufschwatzen. *Tgl. 10–18 Uhr | Kansu Street/Ecke Reclamation Street | 甘肅街/新塡地街*

INSIDER TIPP WING KUT STREET (永吉街) (137 D2) (*ϕ B11*)

Eine ganze Gasse voll Strass und falschen Perlen, aber im Obergeschoss von *Haus Nr. 6–12* wird auch echte und sehr schöne Jade angeboten. Ansonsten fungiert die Straße auch als kleiner Ladies' Market. *MTR Sheung Wan*

SCHNEIDER

Ware von Billigschneidern ist meist rausgeworfenes Geld, vor allem, wenn alles von heute auf morgen fertig sein soll. Gute Arbeit hat auch in Hongkong ihren Preis. Bestellen Sie spätestens fünf Tage vor der Abreise, sodass Zeit für zwei Anproben bleibt, und wählen Sie einen Schneider in Ihrer Nähe. Die Schneider in den Ladenzeilen der großen Hotels sind mit Kundschaft aus Europa vertraut und haben eine gute Stoffauswahl sowie modische Schnitte. Eine gute Adresse für Damen und Herren ist *Mandarin Tailor* (137 D3) (*ϕ C11*) (*Raum 604 | Takshing House | 20 Des Voeux Road | www.mandarintailor.com | MTR Central*).

STOFFE

Eine große Auswahl, auch an Seide, gibt es bei *Yue Hwa* (134 C4) (*ϕ E7*) (*301–309 Nathan Road | MTR Jordan*). Ansonsten sind im *Western Market* (136 C2) (*ϕ B10–11*) (*323 Des Voeux Road Central | MTR Sheung Wan*) allerlei Stoffe erhältlich. Dort müssen Sie feilschen!

TEE & TEEGESCHIRR

Ein schnuckeliges Stübchen zum Teekosten und Teekaufen – und ideal für eine kleine Pause – ist das ● INSIDER TIPP *Lock Cha Tea House* (137 E3) (*ϕ D12*) (*K. S. Lo Gallery (am Museum of Tea Ware) | Hong Kong Park*). Auch vegetarische Dimsum werden serviert. Mehr Teegeschirr gibt's nebenan im Laden des Teemuseums.

Auch sehr hübsch und auf ausländische Kunden eingestellt ist der *Fook Ming Tong Tea Shop* (134 B5) (*ϕ E9*) (*3316, Gateway Arcade, Harbour City*).

TEPPICHE

CHINESE CARPET CENTRE (珍藝行地毯) (135 D5) (*ϕ F9*)

Hier finden Sie eine gute und große Auswahl an eleganten Chinateppichen. *Houston Centre | 63 Mody Road | 麼地道 63 | MTR East Tsim Sha Tsui*

TAI PING CARPETS LTD (太平地毯) (137 E3) (*ϕ C11*)

Chinateppiche in modernem Design. Der Schauraum der Traditionsfirma ist klein, aber ein Besuch lohnt sich. *213 Prince's Building | 太子大廈 | 10 Chater Road/Statue Square | 遮打道 10/皇后像廣場 | MTR Central*

UHREN

In der Stadt gibt es eine riesige Auswahl – von teuerster Schweizer Markenware über Modeuhren bis hin zur falschen Rolex. Kaufen Sie Markenuhren deshalb sicherheitshalber nur vom Vertragshändler. Ansonsten empfehlen sich die in allen Stadtteilen reichlich vertretenen Filialen von *City Chain (www.citychain.com)*. Tisch- und Wanduhren sind in den Kaufhäusern erhältlich.

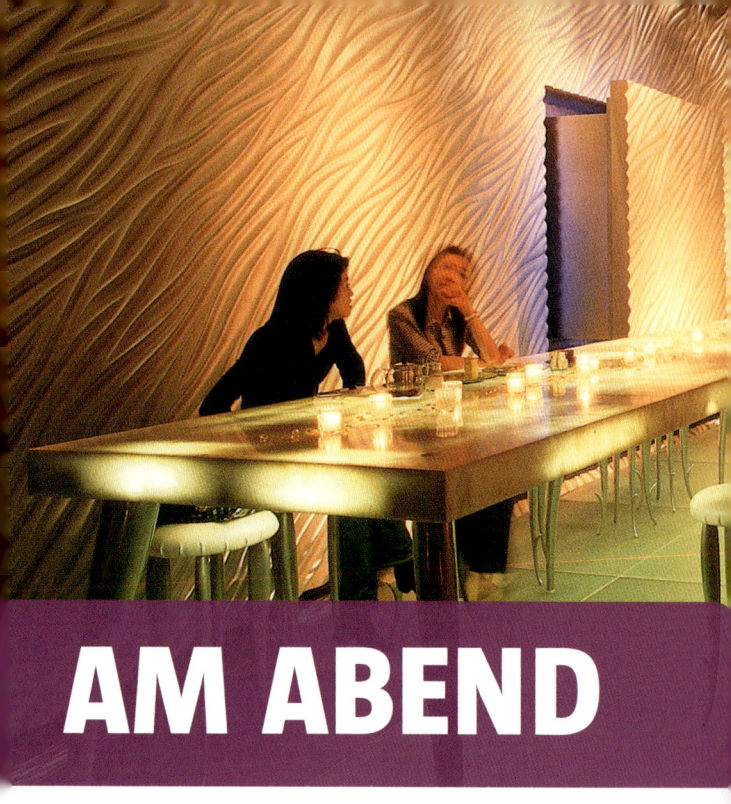

AM ABEND

🏙 WOHIN ZUERST?

Um das nächtliche Hafenpanorama zu bestaunen, geht's an die Südspitze von **Kowloon (134 C6)** *(ⓜ E9)*, am besten um 20 Uhr zur Lasershow. Ein Muss auf der Hongkong-Seite ist das Kneipenviertel **Lan Kwai Fong (137 D3)** *(ⓜ C11–12);* von dort ist es über den Central Escalator nicht weit zum Restaurant- und Kneipenviertel **SoHo (137 D3)** *(ⓜ B11)*. Ein exotischeres Erlebnis verschafft der **Temple-Street-Nachtmarkt (134 C3)** *(ⓜ E7)*, zu dem man von Lan Kwai Fong aus ab Station Central per U-Bahn rasch und ohne Umsteigen gelangt.

Das Nachtleben großer Hafenstädte gilt meist als unanständig – dieses Vorurteil besteht auch im Fall von Hongkong. Zwar gehen einzelne Herren auch hier schon mal Neppern und Schleppern auf den Leim, aber die Wahrheit über Hongkong am Abend ist: Es geht hier auf bunte und angenehme Weise ebenso zwanglos wie gesittet zu. Rasch fühlt man sich heimisch, ob beim Symphoniekonzert oder beim Bier beispielsweise in einer irischen Kneipe. Nur beim Karaoke bleiben die sangesfreudigen chinesischen Cliquen eher unter sich.

Bunt gemischt ist das Publikum in ⭐ *Lan Kwai Fong,* dem Synonym für Hongkongs Nachtleben. In dem abends autofreien Karree am oberen Ende der D'Aguilar Street sowie oberhalb davon an der

Bild: Felix im Peninsula Hotel

Kneipen, Jazz und Freiluftoper: Ob chinesische Musik oder Nachtclub – für jeden findet sich das Passende

Wyndham Street drängen sich Bars, Kneipen und ziemlich elegante Restaurants *(137 D3)* *(󰂓 C11–12)*.
Der zweite Hotspot ist *SoHo,* „South of Hollywood Road". Hier, rund um die Staunton Street und die Shelley Street *(137 D3)* *(󰂓 B11),* zu beiden Seiten des Central Escalator, gibt es viele internationale Restaurants, teils auch mit Barbetrieb. Am Westrand, entlang der INSIDER TIPP *Peel Street,* hat sich eine alternative Off-Szene entwickelt. Der dritte Schwerpunkt ist der bekannteste: der Bereich *(138 A4)* *(󰂓 E12)* von *Wan Chai,* das freilich nicht halb so verrucht ist, wie sein Ruhm aus alten Tagen verheißt.
In Tsim Sha Tsui bietet die autofreie INSIDER TIPP *Knutsford Terrace* *(134–135 C–D4)* *(󰂓 E8)* ein Lan Kwai Fong im Kleinformat. Immer wieder beeindruckend ist das nächtliche Hafenpanorama ganz im Süden von Kowloon beim ☘ *Cultural Centre (134 C6)* *(󰂓 E9).* Ins beste Licht gerückt wird es jeden Abend um acht: bei der ★ *Symphony of Lights.* Laserkanonen auf 67 Hochhäusern ver-

BARS & KNEIPEN

Machen Sie's wie die Hongkonger: Zum Essen trifft man sich abends in Causeway Bay

wandeln den Hafen dann von beiden Seiten aus in ein gigantisches Lichttheater, das an der Promenade sowie gegenüber am Kongresszentrum noch mit Musik untermalt und an besonderen Tagen mit Feuerwerk aufgepeppt wird.
Oder Sie gesellen sich zu den Hongkongern: Die nämlich fluten zum Feierabendvergnügen die Kaufhäuser und Boutiquen, Kinos und Lokale von INSIDERTIPP *Causeway Bay* oder treffen ihr Date nebenan im Victoria Park. Bummeln Sie mit und schnuppern Sie Hongkong-Atmosphäre, wie sie typischer nicht sein kann! (138–139 C–D 3–4) (*F–G 11–12*)
Falls der Abend feuchtfröhlich werden soll, packen Sie übrigens vorher besser die Kreditkarten aus der Geldbörse und zahlen nach jeder Bestellung bar. Vorsicht: Alkohol ist verdammt teuer!

BARS & KNEIPEN

Neben den oben genannten Brennpunkten Lan Kwai Fong, SoHo und der Knutsford Terrace haben sich noch zwei kleine, deutlich ruhigere Ausgehviertel entwickelt: der seeseitige Block an der *Davis Street* (142 C4) (*O*) in Kennedy Town am westlichen Terminus der Straßenbahn und der Bereich Ship Street bis Amoy Street (mit dem Neubaukomplex *Lee Tung Avenue*) in Wan Chai (138 A4–5) (*E12*). Hier wie dort trifft man auf ortsansässige Expatriates, aber kaum je auf einen Touristen.
Oder stehen Sie auf Livemusik? Dann ab zur Jaffe Road! Beiderseits der kreuzenden *Fenwick Road* (138 A4) (*E12*) haben mehrere Bars abends ab zehn eine Filipinoband unter Vertrag, darunter *Dusk till Dawn* (mit großer Tanzfläche) und die altbeliebte Kneipe *The Wanch*, beide auf derselben Straßenseite (Hausnummern 76 und 54).

AMOY (138 A5) (*E12*)
Klein und nett wie eine Nachbarschaftskneipe, auch gut zum draußen Sitzen. Zusatzplus: Man kann in einem kleinen Thai-Lokal (€) nebenan was zu essen or-

AM ABEND

dern und es im Amoy verdrücken. *1 Amoy Street | 廈門街 1*

AQUA SPIRIT ☼ (134 C5–6) (*m E9*)
Die Bar der Bars: Hier liegt Ihnen ganz Hongkong zu Füßen. Was für ein Panorama! Wenn man den Mund nicht wieder zubekommt, dann leider womöglich auch wegen eines Blicks auf die rechte Spalte der Getränkekarte. Hier ist eben alles unvergesslich. *1 Peking Road | 北京道 1 / 30. Stock | MTR Tsim Sha Tsui*

BLOOP SHISHA LOUNGE ☼
(137 D3) (*m C11*)
Wasserpfeife schmauchen mit Hochhauspanoramablick aus dem 21. Stock! Blickfang im Innern ist ein 8-m-Aquarium mit echten Haifischen, und an besonderen Tagen ist Party auf der Tanzfläche angesagt. *21/F, Ho Lee Commercial Building | 38–44 D'Aguilar Street | 德己立街 38–44 | www.bloop.com.hk*

CASTRO'S (134 C5) (*m E9*)
Kubanische Kneipe mit bunter Klientel und klasse Stimmung – laut, lustig, herzlich. Raucher setzen sich an die offenen Fenster und blasen den Qualm ins Freie. *16 Ashley Road | 亞士厘道 16 | im OG | Eingang Ichang Street | MTR Tsim Sha Tsui*

COLETTE'S (藝穗會餐廳)
(137 D3) (*m C12*)
Sie suchen eher was Ruhiges? Dann ist der Dachgarten auf dem Fringe Club genau das Richtige. Dort serviert *Colette's* abends Tapas und Getränke. Auch drinnen gibt's Plätze. *2 Lower Albert Road | 下亞厘畢道 2 | MTR Central*

FELIX ★ ☼ (134 C6) (*m E9*)
Eine andere Galaxis. Die irre Designkreation von Phillippe Starck versteht sich zwar als Restaurant, doch berauschender als die teuren Speisen sind die Glasbodenbars und der Ausblick, atemberaubend in der Abenddämmerung. Grüne Minidisco *Crazy Box*. Spitze: die WCs. *The Peninsula | Salisbury Road | 梳士巴利道 | Zugang aus der westlichen Ladenpassage | MTR Tsim Sha Tsui*

INSIDERTIPP LE MOMENT
(137 D2) (*m B11*)
Wirt Bobby hat ein 1a-Gedächtnis. Wahrscheinlich weiß er sogar nach einem Jahr noch, dass Sie schon mal da waren. Dann wird er wieder fragen, welche Art Wein Sie bevorzugen, und Ihnen dann alle infrage kommenden Flaschen zur Auswahl auf den Tisch stellen. Essen können Sie in seinem coolen Weinlokal übrigens auch. Und sich dann per Graffiti an der Wand verewigen. *55 Peel Street | 卑利街 55*

INSIDERTIPP NED KELLY'S LAST STAND
(134 C5) (*m E9*)
Ein Klassiker: Seit 1972 wird hier jeden Abend Jazz gespielt, und das bei freiem Eintritt. *11A Ashley Road | 亞士厘道 11A | MTR Tsim Sha Tsui*

MARCO POLO HIGHLIGHTS

★ **Lan Kwai Fong**
Kneipen- und Restaurantgegend mit Flair → S. 74

★ **Symphony of Lights**
Bühne frei für die weltgrößte Licht-und-Musik-Show!
→ S. 75

★ **Felix**
Wie aus einem anderen Universum: das Kabinett des Philippe Starck → S. 77

★ **Temple Street**
Musik auf dem Nachtmarkt
→ S. 79

CLUBS & DISKOTHEKEN

ORANGE PEEL (137 D3) *(Ⓜ C11)*
Jazz, R&B und gelegentlich auch andere Stilrichtungen gibt's in diesem Musikclub live auf der Bühne. Montags ist Jamsession mit freiem Eintritt. *So geschl. | 2/F, Ho Lee Commercial Building | 38–44 D'Aguilar Street | 德己立街 38–44 | orangepeelhk.com*

Ranzig ist nicht: In den Clubs der Stadt wird stylish abgefeiert

INSIDER TIPP PEEL FRESCO MUSIC LOUNGE (137 D2–3) *(Ⓜ B11)*
Der Musikclub von SoHo! Hier spielen echte Enthusiasten Jazz, Funk etc. Günstige Preise. *49 Peel Street | 卑利街 49*

TIPPING POINT (137 D3) *(Ⓜ C11)*
Frisch Gezapftes aus der Mikrobrauerei! Glänzende Bronzetanks schmücken den Gastraum im Erdgeschoss. Auch Biere aus anderen lokalen Brauereien sind zu haben, ebenso wie britisch-europäische Hausmannskost – samt „German Bratwurst". Der Knaller ist die „Afternoon Combo" (15–18 Uhr), wenn ein Pint Hausgebrautes zu Sandwich oder „all day breakfast" schon für 30 $ durch die Kehle rinnt. *79 Wyndham Street | 雲咸街 79 | MTR Central*

INSIDER TIPP WOOLOOMOOLOO (138 B4) *(Ⓜ F12)*
Die Wow!-Terrasse: Sofas mit Hongkong-Panorama auf der 32. Etage! Natürlich ist das Bier nicht billig, aber den Spaß allemal wert, besonders in der Abenddämmerung. Zu erreichen ist die Dachgartenbar übers gleichnamige Steakhaus einen Stock tiefer. *Tgl. ab 15 Uhr | 256 Hennessy Road | 軒尼詩道 256 | Eingang in der Johnston Road | MTR Wan Chai*

CLUBS & DISKOTHEKEN

Bitte beachten: Ohne schicke und vollständige Kleidung bleibt man draußen!

DRAGON-I (137 D3) *(Ⓜ C12)*
Als der Nachtclub 2002 eröffnete, wurde er zum Mekka aller Reichen, Schönen oder anderweitig Berühmten. Früher am Abend haben heute auch Normalsterbliche eine Chance auf Einlass. Aber bestellen Sie keinen Cocktail, außer Sie wollen die teuersten Eiswürfel der Stadt schmelzen sehen. *60 Wyndham Street | 雲咸街 60 | Treppe bergan | www.dragon-i.com.hk | MTR Central*

ESCAPE ON FENWICK (138 A4) *(Ⓜ E12)*
700 m² große Kellerdisco in Wan Chai, oft spielen auch Filipinobands. Etwas Besonderes ist die Sonntagnachmittagsdisco; dann bekommen alle Damen zwei Drinks gratis. *64 Jaffe Road | 謝斐道 64 | www.escape.com.hk | MTR Wan Chai*

AM ABEND

VIBES ● (134 C5) (📖 E8)
Das edle Mira-Hotel hat im Innenhof eine grüne Oase, wo man sich mit Cocktail und Shisha auf die Sofas lümmeln und super entspannen, aber auch tanzen kann. Donnerstags gibt's orientalischen Bauchtanz. Mindestverzehr 200 $. *5/F, The Mira | 118 Nathan Road | 彌敦道 118*

THEATER, KONZERTE & BALLETT

In einer ganzen Reihe von Spielstätten präsentiert Hongkong ein beachtliches internationales Kulturangebot. Gegenüber den auswärtigen Stars, die zu Gastspielen kommen, können sich einheimische Produktionen aber oft nur schwer durchsetzen, obwohl man sich sehen lassen kann. Es gibt mehrere Orchester, eine Ballettkompagnie, Theaterensembles und viele kleinere (Amateur-)Gruppen.

ARTS CENTRE (藝術中心)
(138 A4) (📖 E12)
Mit seinem vielseitigen Angebot an Theater, Film, Ausstellungen und Konzerten gestaltet das Haus Hongkongs Kulturleben wesentlich mit. Dafür sorgt auch das hier untergebrachte, sehr aktive Goethe-Institut. *2 Harbour Road | 港灣道 2 | Tel. 25820200 | MTR Wan Chai*

CITY HALL (大會堂) (137 E3) (📖 D11)
Das „Rathaus" ist auch ein Kultur- und Veranstaltungszentrum. Fast täglich finden hier Konzerte und Theateraufführungen statt. *5 Edinburgh Place | 愛丁堡廣場 5 | Tel. 29212840 | MTR Central*

CULTURAL CENTRE (文化中心)
(134 C6) (📖 E9)
Hongkongs modernste und bedeutendste Spielstätte umfasst einen Konzertsaal (mit Asiens größter Pfeifenorgel), einen Theatersaal und ein Studiotheater. *10 Salisbury Road | 梳士巴利道 10 | Tel. 27342009 und 27342849 | MTR Tsim Sha Tsui*

INSIDER TIPP ▶ FRINGE CLUB (藝穗會)
(137 D3) (📖 C12)
Aktuell und experimentell: Der muntere Kulturverein ist ein Forum für Theater, Performances, Musik, Ausstellungen und vieles mehr. *2 Lower Albert Road | 下亞厘畢道 2 | Tel. 25217251 | www.hkfringeclub.com | MTR Central*

TEMPLE STREET (廟街) ★ ●
(134 C3) (📖 E7)
Allabendliche Open-Air-Shows am Rand des Markttrubels: Auf der Südseite des Tin-Hau-Tempels geben Laien- und halbprofessionelle Musiker kantonesische Opernszenen und andere volkstümliche chinesische Musik zum Besten – gratis! (Um Spenden wird aber gebeten.) Nebenan orakeln etliche Wahrsager. Die meisten sind Physiognomen und Handleser, andere arbeiten mit dressierten Vögeln. *Tgl. etwa ab 19 Uhr | Market Street | 街市街 | am Parkhaus | MTR Jordan*

LOW BUDGET

Nutzen Sie die *Happy Hour!* Die Zeiten, als man noch zwei Getränke zum Preis von einem bekam, sind in den meisten Bars zwar vorbei, aber wenigstens gibt's einen Rabatt. In vielen Lokalen beginnt die „glückliche Stunde" schon mit der Ladenöffnung, oft gilt sie dann bis 21 Uhr.

Ladies' Night: Die meisten Clubs der Stadt bieten an einem Wochentag (oft Mittwoch) Gratiseintritt, -sekt oder Ähnliches „for the fairer sex".

ÜBERNACHTEN

Hongkongs Hotellerie hat hohe Standards. Schon in einfachen Häusern sind Klimaanlage, eigenes Bad, Telefon und Farbfernseher selbstverständlich, ebenso ein Restaurant oder Coffeeshop, wo von früh bis spät internationale Gerichte serviert werden.

Selbst Mittelklassehotels verfügen oft über ein Businesscenter sowie 24-Stunden-Service. In Spitzenhotels kommen auf jedes Zimmer mehr als zwei Bedienstete.

Der wahre Luxus zeigt sich aber weniger am Service und an der Ausstattung als vielmehr am verschwenderischen Umgang mit dem knappsten und teuersten Gut, das es hier gibt: dem Platz. Unterhalb der Oberklasse wird dementsprechend damit gegeizt. Zuweilen ist es schon ein Problem, einen größeren Koffer im Zimmer zu verstauen.

Generell gilt: Je mehr Komfort, desto größer das Haus. „Klein und fein" ist rar. Begehrt sind natürlich Zimmer mit Hafenblick, aber der ist fast nur in Luxushotels zu haben. Vor allem für Geschäftsleute interessant sind die „Executive", „Club" oder ähnlich genannten Etagen mit besonderem Service wie Frühstück auf dem Zimmer, gratis Tee oder Kaffee und Breitband-Internetanschluss.

Hongkonger Hotels sind teuer – wie teuer genau, das hängt vom Datum ab. Vor allem die Oberklassehäuser haben nach momentaner Marktlage meistens täglich wechselnde Tarife, bei Mittelklassehotels ändern sich die Preise saisonabhängig. Bei der Einstufung in diesem Reiseführer

Bild: Four Seasons

Bettenvielfalt für schöne Träume: Von der Suite bis zum Schlafsaal im Grünen – die Bandbreite ist groß, der Standard oft Spitze

wurden Internettarife der Nebensaison und ohne Frühstück zugrunde gelegt, bei einigen Häusern ist Frühstück allerdings immer gratis mit dabei. In der Berechnung enthalten sind bereits die zehn Prozent Servicegebühr, die Hongkonger Hotels zusätzlich verlangen. Die tatsächlichen Preise können je nach Saison deutlich höher oder tiefer liegen. Frühbucher profitieren bei mittelpreisigen und teuren Hotels von teils erheblichen Rabatten. Billigherbergen dagegen haben nach unten meistens keinen Spielraum.

Fast alle Hotels erreichen Sie über *www.discoverhongkong.com (Menüpunkt „Reiseplanung", „Unterkunft")*. Alle lizenzierten Beherbergungsbetriebe sind verzeichnet unter *www.hadla.gov.hk/en/hotels*.

HOTELS €€€

Zur Standardausstattung in dieser Preisgruppe gehören: klimatisierte Zimmer/Suiten mit eigenem Bad sowie Telefon und Breitband-Internetanschluss, WLAN,

HOTELS €€€

Das Intercontinental verwöhnt seine Gäste mit Hafenblick und feiner Küche

mehrere Restaurants (mindestens chinesische und westliche Küche), Coffeeshop und Bar, Businesscenter, Konferenzräume, Hotelarzt, Wäscheservice, Babysitter, hauseigenes Videoprogramm und Reisebüro. Die meisten Häuser haben auch einen Friseur sowie Sporteinrichtungen.

EXCELSIOR (怡東酒店)
(139 D3) (*G11*)

Mit 887 Zimmern mag die Größe des Hauses abschreckend wirken, aber die Lage ist fantastisch: im Rücken Causeway Bay, der quirligste aller Hongkonger Stadtteile, nach vorn dagegen freier Hafenblick. *281 Gloucester Road* | 告士打道 *281* | *Tel. 28 94 88 88* | *www.mandarinoriental.de/excelsior* | *MTR Causeway Bay*

FOUR SEASONS (四季酒店)
(137 D2) (*C11*)

Hongkongs erste Luxusherberge, die ausgestattet ist wie ein Kurhotel: 2044 m² Wellnessoase! Alle 399 Zimmer haben Plasmafernseher und DVD-Player. Reisevorteil: Man hat direkten Zugang zur Flughafenbahn. *8 Finance Street* | 金融街 *8* | *Tel. 31 96 88 88* | *www.fourseasons.com/hongkong* | *MTR Central, Hong Kong*

HYATT REGENCY (尖沙咀凱悅酒店)
(134–135 C–D5) (*E9*)

Kurze Wege: Das Hotel belegt mit seinen 381 Zimmern die Etagen 3 bis 24 des Hochhauses „The Masterpiece"; darunter befindet sich das Einkaufszentrum K11 mit direktem U-Bahn-Zugang. Geschäftsleute schätzen die INSIDER TIPP „Club"-Etagen, die eine private Lounge sowie mehr Arbeitsfläche bieten – und bessere Aussicht sowieso. *18 Hanoi Road* | 河内道 *18* | *Tel. 23 11 12 34* | *www.hyatt.com* | *MTR Tsim Sha Tsui*

INTERCONTINENTAL ★
(134–135 C–D6) (*E9*)

Hierher lockt nicht nur die phantastische Lage an der Südspitze von Kowloon –

ÜBERNACHTEN

teils mit Hafenpanorama von der Badewanne aus –, sondern auch die überragende Gastronomie. Das Hotel hat 503 Zimmer, darunter 87 Suiten. *18 Salisbury Road | 梳士巴利道 18 | Tel. 27 21 12 11 | www.intercontinental.com | MTR Tsim Sha Tsui*

MANDARIN ORIENTAL (文華東方酒店) (137 E3) (*C11*)

Ein Luxusliner zu Lande. Im Spa-Bereich begegnen sich chinesische Medizin, Ayurveda und Kneipp. Es gibt 502 Zimmer und Suiten bis zu 292 m² Fläche.
🟠 Ein wunderbarer Zeitvertreib: Nehmen Sie in der Halle einen englischen Tee. Hier stärken sich reiche Hongkongerinnen gern nach dem Shoppingbummel. *5 Connaught Road Central | 干諾道中 5 | Tel. 25 22 01 11 | www.mandarinoriental.de/hongkong | MTR Central*

MARCO POLO HONGKONG HOTEL (馬哥孛羅香港酒店) ☼
(134 C6) (*E9*)

Ein altbewährtes Haus in großartiger Lage an der Spitze von Kowloon gleich bei der Star Ferry. Aus den meisten der 667 Zimmer bietet sich einem ein freier Hafenblick. *3 Canton Road | 廣東道 3 | Tel. 2113 00 88 | www.marcopolohotels.com*

THE PENINSULA (半島酒店) ⭐
(134 C6) (*E9*)

Eine Hongkonger Hotel-Legende mit Superluxus vor allem im Hochhausflügel: Hi-Fi-Anlagen auf den Zimmern, Badewannen mit Fernseher und Panoramablick. Berühmt ist die hoteleigene Rolls-Royce-Flotte. Das Haus hat 300 Zimmer, darunter die teuerste Suite Hongkongs – 68 000 $ pro Nacht muss man dafür hinblättern. *Salisbury Road | 梳士巴利道 | Tel. 29 20 28 88 | www.peninsula.com | MTR Tsim Sha Tsui*

RITZ-CARLTON (麗思卡爾頓酒店) ☼
(134 A4) (*C8*)

Die edle 312-Zimmer-Herberge auf den Etagen 102 bis 118 des International Commerce Centres erklärt sich zum derzeit höchsten Hochhaushotel des Globus. Panoramablick aus allen Fenstern hat man sowieso – auch beim Schwimmen im Pool auf dem 118. Stock. *1 Austin Road West | 柯士甸道西 1 | Tel. 22 63 22 63 | www.ritzcarlton.com | MTR Kowloon*

HOTELS €€

Zur Standardausstattung in dieser Gruppe gehören: klimatisierte Zimmer/Suiten mit eigenem Bad sowie Telefon mit Direktwahl, Restaurant und Coffeeshop, Bar, Businesscenter, WLAN, Wäscheservice und Buchungstresen für Ausflüge.

CARITAS BIANCHI LODGE (明愛白英奇賓館) (134 C2–3) (*E7*)

Christlich-beseligtes Schlummern geht in diesem Hotel mit 90 Zimmern in ei-

---

MARCO POLO HIGHLIGHTS

⭐ **Intercontinental**
Hafenpanorama aus der ersten Reihe – in Südkowloon
→ S. 82

⭐ **The Peninsula**
Die Hotellegende chauffiert ihre Gäste im Rolls Royce → S. 83

⭐ **Holiday Inn Golden Mile**
Oase im Brennpunkt des Shoppingtrubels → S. 85

⭐ **The Salisbury YMCA of Hongkong**
Familienhotel in Spitzenlage und mit vielfältigen Freizeitangeboten → S. 85

HOTELS €€

ner ruhigen Nebenstraße der Nathan Road – auch für Atheisten. *4 Cliff Road | 石壁道 4 | Tel. 23 88 11 11 | www.caritas-chs.org.hk | MTR Yau Ma Tei*

INSIDER TIPP CITADINES (馨樂庭亞士厘服務公寓) (134 C5) (*E9*)
Ein Aparthotel für Selbstversorger. Alle 36 Studios (36–58 m² groß) sind mit einer eigenen Küche ausgestattet. *18 Ashley Road | 亞士厘道 18 | Reservierungstel. 22 62 30 62 | www.citadines.com | MTR Tsim Sha Tsui*

THE CITYVIEW (城景國際) (134 C2) (*E6*)
Stimmt: Aus den 422 Zimmern schaut man in den Hochhauswald. Das frühere YMCA wartet dabei heute mit Viersterneluxus auf. Es verfügt über ein Schwimmbad, eine Sporthalle und einen Andachtsraum. Fürs nachhaltige Management gab es bereits einen Preis. *23 Waterloo Road | 窩打老道 23 | Tel. 27 83 38 88 | www.thecityview.com.hk | MTR Yau Ma Tei*

GARDEN VIEW (園景軒) (137 D4) (*C12*)
In dem bescheiden dimensionierten Turm mit 141 Zimmern (darunter 25 Familiensuiten), Pool, Fitnesscenter, Businesscenter und Restaurant blicken Sie von vielen Zimmern aus über den Zoo hinweg auf die Bürohochhäuser des Central Districts. Abwärts können Sie laufen (beispielsweise durch den Zoo – es gibt einen direkten Zugang), aufwärts einen Minibus nehmen. Am unteren Ende der Preiskategorie. *1 MacDonnell Road | 麥當勞道 1 | Tel. 28 77 37 37 | www.yhk.com.hk*

THE HARBOUR VIEW (灣景國際) (138 A4) (*E12*)
Interessante Lage zwischen Arts Centre und Kongresszentrum. 144 der 320 Zimmer haben einen INSIDER TIPP preisgünstigen Hafenblick. Das Hotel rangiert am oberen Ende der Kategorie, ist zeitweise auch eine Kategorie teurer, aber dafür gibt's bei längerem Aufenthalt Rabatte. *4 Harbour Road | 港道 4 | Tel. 28 02 01 11 | www.theharbourview.com.hk | MTR Wan Chai*

HOLIDAY INN EXPRESS (蘇豪智選假日酒店) (136 C2) (*B11*)
Preisgünstig wohnen, zentrumsnah, und doch in einer ruhigen Nebenstraße! Zum Kneipenviertel von SoHo geht man gerade mal zehn Minuten. Der 38-Etagen-Turm mit 272 Zimmern gewann schon mehrere Ökologiepreise. *83 Jervois Street | 蘇杭街 83 | Tel. 34 17 88 88 |*

LOW BUDGET

Wichtigster Tipp für alle, die länger als zwei, drei Tage bleiben: nach reduzierten Wochentarifen fragen!

Yesinn **(138 C4)** (*G12*) *(2/F, Nan Yip Building | 472 Hennessy Road/ Eingang Tang Lung Street | Tel. 22 13 45 67 | www.yesinn.com)*: farbenfroh und modern im quirligen Causeway Bay, daher etwas laut – aber mit Dachgarten! Schlafsaalbett ab 160 $, Doppelzimmer ab 400 $.

Mei Ho House **(132 A3)** (*D3*) *(Block 41, Shek Kip Mei Estate | Tel. 37 28 35 00 | www.yha.org.hk | MTR Sham Shui Po)*: Die einzige innerstädtische Jugendherberge ist ein umgebauter Sozialwohnungsblock. 129 recht geräumige Zimmer auch für Familien. Schlafsaalbett 200 $.

ÜBERNACHTEN

Vielleicht unspektakulär, das Holiday Inn Express, aber man weiß, was man kriegt

www.ihg.com/holidayinnexpress | MTR Sheung Wan

HOLIDAY INN GOLDEN MILE
(金域假日酒店) ★ (134 C5) (*ω* E9)
Altbewährtes Haus mitten in Tsim Sha Tsui. Die *Delicatessen Corner* im Keller serviert deutsch-österreichische Küche. *600 Zi. | 50 Nathan Road | 彌敦道 50 | Tel. 23 69 31 11 | www.ihg.com | MTR Tsim Sha Tsui*

INSIDER TIPP L'HOTEL
(銅鑼灣海景酒店) (139 E3) (*ω* H11)
275 moderne Zimmer in einem 40-stöckigen Turm nahe U-Bahn und Victoria Park. Top ist das Schwimmbad auf dem Dach – mit Hafenblick! *18–24 King's Road | 英皇道 18–24 | Tel. 35 53 28 98 | www.lhotelcausewaybayhv.com | MTR Tin Hau*

OVOLO ABERDEEN HARBOUR (奧華酒店⦁香港仔) (140 A3) (*ω* B17)
Allmählich kommt Aberdeen in Mode. Wer in diesem modernen kleinen Hotelturm mit nur 85 Zimmern übernachtet, hat jedenfalls schon mal Hafenblick und kann sich über genial raumsparend geschnittene – und daher eben auch nicht enge – Räume freuen. Der Superknüller aber ist die Happy Hour von 17 bis 19 Uhr: Dann gehen Wein, Bier und Schnaps aufs Haus. *100 Shek Pai Wan Road | 石排灣道 100 | Tel. 37 28 10 00 | www.ovolohotels.com | Busse 7, 71, 91*

THE SALISBURY YMCA OF HONGKONG
(基督教青年會) ★ ✺
(134 C6) (*ω* E9)
Klug gestaltetes Komforthotel. 365 Zimmer, Kindergarten, Schwimmlandschaft, Turnhalle, riesiges Spiel-, Sport- und Kursangebot – und das alles in Luxuslage neben dem Peninsula (viele Zimmer mit Blick auf den Hafen). Die beste Wahl für Familien mit Kindern. Unbedingt INSIDER TIPP frühzeitig buchen! *41 Salisbury Road | 梳士巴利道 41 | Tel. 22 68 70 00 | www.ymcahk.org.hk | MTR Tsim Sha Tsui*

HOTELS €

HOTELS €

Zur Standardausstattung in dieser Gruppe gehören klimatisierte Zimmer bzw. Suiten mit eigenem Bad und Telefon sowie ein Coffeeshop oder einfaches Restaurant, Wäscheservice und meist auch ein Buchungstresen für Ausflüge.

HOTEL BENITO (華國酒店)
(134 C5) (*m E9*)

74 kleine Zimmer in zentraler Lage, neu und modern. Gratis-Internet (über Kabel), aber kein Restaurant. *7–7B Cameron Road | 金馬倫道 7–7B | Tel. 36 53 03 88 | www.hotelbenito.com | MTR Tsim Sha Tsui*

BOOTH LODGE (卜維廉賓館)
(134 C2) (*m E7*)

Kleines, angenehmes Hotel der Heilsarmee mit 44 Zimmern. Zentral gelegen, aber trotzdem ruhig. *11 Wing Sing Lane | 永星里 11 | Tel. 27 71 92 66 | short.travel/hon19 | MTR Yau Ma Tei*

BUTTERFLY ON HOLLYWOOD
(晉逸好萊塢酒店) (136 C2) (*m B11*)

Kinofilmmotive beherrschen die 142 Zimmer dieses schicken Hotels in interessan-

NUR NICHT (VER)SCHLAFEN

Ab in die Penne
Vielleicht ist das ☆ *T Hotel* (T酒店) **(142–143 C–D4)** (*m O*) nicht das allerperfekteste, aber auf jeden Fall das liebenswerteste Hotel der Stadt. Es gehört zur Hotel- und Restaurantfachschule, und so kümmern sich lauter hochmotivierte junge Leute um Sie. Weitere Pluspunkte: ruhige Lage mit Meerblick und ein super Preis-Leistungs-Verhältnis. Mit den Bussen, die vorm Tor halten (viele Linien), sind Sie in 20 bis 40 Minuten im Zentrum. *30 Zi. | Pokfulam Training Centre Complex | 職業訓練局 | 145 Pok Fu Lam Road | 薄扶林道 145 | Tel. 37 17 73 88 | www.thotel.edu.hk | €*

Ab auf die Wache
Ein Luxushotel im Grünen ohne Straßenanschluss! Zum *Tai O Heritage Hotel* (大澳文物酒店) **(142 A4)** (*m O*) gehen Sie entweder ab dem Tai O Busbahnhof (Ende der Straße) 1,3 km zu Fuß oder nehmen von dort aus eine Fähre. Das Ziel im einsamen äußersten Westen von Lantau ist eine ehemalige Polizeiwache, die 1902 zum Kampf gegen Seeräuber entstand und nun ein zweites Leben als edle 13-Zimmer-Herberge hat – mit entsprechend feiner Gastronomie! Hier ist eine andere Welt und Hongkong für ein, zwei Nächte weit, weit weg. *Shek Tsai Po Street | Tai O | Lantau Island | 大嶼山大澳石仔埗街 | Tel. 29 85 83 83 | www.taioheritagehotel.com | €€€*

Zusammen ist man weniger allein
Bleibe der jungen Kreativszene: Auch wenn das Gebäude nach 08/15 aussieht, das *Wontonmeen Hostel* **(132 A5)** (*m D4*) ist anders. Im Haus wohnen und arbeiten Hongkonger Künstler. Gäste nehmen ein Bett zu 250 $/Nacht im 100 m² großen Schlafraum oder das Doppelzimmer. Aber das ist beinahe unwichtig, hier zählt die Kommunikation. Man trifft sich in der Gemeinschaftsküche. Früh reservieren! *135 Lai Chi Kok Road | 荔枝角道 135 | Tel. 69 04 09 18 | www.wontonmeen.com | MTR Prince Edward | €*

ÜBERNACHTEN

ter Lage zwischen Hollywood Park und Antiquitätenläden. *263 Hollywood Road | 荷李活道 263 | Tel. 28 50 88 99 | www.butterflyhk.com | MTR Sheung Wan*

IBIS NORTH POINT (宜必思世紀軒) (139 F1) (*O*)

Hochhaus mit Fähr- und Straßenbahnanschluss, 275 kleine, moderne Zimmer, viele mit INSIDER TIPP sehr preiswertem Hafenblick. Ein Plus: die untouristische, urige Umgebung. *138 Java Road | 渣華道 138 | Tel. 25 88 11 11 | www.accorhotels.com | MTR North Point*

LARGOS HOTEL (朗逸酒店) (134 C3) (*E7*)

Ein freundliches Haus in zentraler, aber doch relativ ruhiger Lage. In den 100 überwiegend kleinen Zimmern haben Sie Internet. *30 Nanking Street | 南京街 30 | Tel. 27 83 82 33 | www.largos.com.hk | MTR Jordan*

HOTEL SÁV (逸·酒店) (135 F3) (*G7*)

Innovativ, frisch und ein Schnäppchen. Man muss sich nur entscheiden, in einem nicht angesagten Viertel zu wohnen – U-Bahn-nah, übrigens. Die Pluspunkte: Von Hongkonger Modedesignern gestaltete Räume (im „floor of fashion"), gratis Minibar (einmal ausräubern pro Aufenthalt) und ein Handy fürs Ortsnetz. *388 Zi. | 83 Wuhu Street | 蕪湖街 83 | Tel. 22 75 88 88 | www.hotelsav.com | MTR Whampoa, Ho Man Tin*

SILKA SEAVIEW (香港海景絲麗酒店) (134 C3) (*E7*)

Etwas fernen Seeblick bieten nur die wenigsten der 268 Zimmer, aber gleich am Tin-Hau-Tempel von Yau Ma Tei wohnen Sie komfortabel in einer Umgebung voller Lokalkolorit. *268 Shanghai Street | 上海街 268 | Tel. 27 82 08 82 | www.silkahotels.com | MTR Yau Ma Tei*

STANFORD HILLVIEW HOTEL (仕德福山景酒店) (135 D4) (*E8*)

177 Zimmer in einem überraschend ruhigen, grünen Winkel des Touristendistrikts. Die Preise bewegen sich am oberen Ende der Kategorie. *13–17 Observatory Road | 天文臺道 13–17 | Tel. 27 22 78 22 | www.stanfordhillview.com | MTR Tsim Sha Tsui*

WOHNEN AUSSERHALB DER STADT

INSIDER TIPP CONCERTO INN (浪濤軒) (U A6) (*O*)

Badeurlaub gefällig? Dieser gepflegte 8-Balkonzimmer-Gasthof auf Lamma Island, 1,5 km vom Ort Yung Shue Wan (Fähranleger) entfernt, liegt direkt am Strand. Wochentags ruhig und preisgünstig, für samstags nicht zu empfehlen. *28 Hung Shing Yeh Beach | 洪聖爺灣 28 | Tel. 29 82 16 68 | www.concertoinn.com.hk | €*

JUGENDHERBERGEN

Abgesehen vom innerstädtischen Mei Ho House liegen alle abseits in der Natur. Die meisten sind für Wanderer gedacht. Stadtnäher, größer und viermal täglich per Bus mit der Stadt verbunden ist die schöne *Mount-Davis-Herberge* (U A3) (*O*) *(123 Mount Davis Path | Tel. 28 17 57 15 | www.yha.org.hk | www.hihostels.com)*. Kosten: Schlafsaalbett 180 $, DZ ab 480 $.

WARWICK HOTEL (華威酒店) (142 C5) (*O*)

Komforthotel direkt am Strand mit Bar, Restaurants und Schwimmbad. Alle 66 Zimmer haben einen Balkon. Zum Hafen sind es ca. zehn Gehminuten. Reduzierte Wochentarife. *East Bay | Cheung Chau | 長洲東灣 | Tel. 29 81 00 81 | www.warwickhotel.com.hk | €*

ERLEBNISTOUREN

1 HONGKONG PERFEKT IM ÜBERBLICK

START: ❶ Victoria Park
ZIEL: ⓰ Aqua Spirit

1 Tag
reine Gehzeit
3 Stunden

Strecke:
➡ 47 km, davon 9 km zu Fuß

KOSTEN: 72 $ für ÖPNV-Fahrten
MITNEHMEN: Schirm als Regen- oder Sonnenschutz, Rucksack für Einkäufe

ACHTUNG: Unternehmen Sie die Tour möglichst an einem Werktag. Am Wochenende können die Wartezeiten an der ⓾ Peak Tram jeden Zeitplan sprengen. Weichen Sie dann auf den Bus 15 (ab Queensway) oder ein Taxi aus.
⓯ **Kung Tak Lam:** Fensterplatz reservieren!

Sie wollen die einzigartigen Facetten dieser Stadt entdecken? Dann sind die Erlebnistouren genau das Richtige für Sie – tolle Tipps für lohnende Stopps, atemberaubende Orte, ausgewählte Restaurants oder typische Aktivitäten. Noch einfacher wird es mit der Touren-App: Laden Sie sich die Tour mit Karte und Tourenverlauf über den QR-Code auf Seite 2/3 oder über die Webadresse in der Fußzeile auf Ihr Smartphone – damit haben Sie auch offline immer die perfekte Orientierung.

TOUREN-APP

→ S. 2/3

Hongkongs viele, bunte Seiten zeigt diese Ganztags-Erlebnistour. Sie führt vom Meeresstrand bis auf den Peak, vom Lebensmittelmarkt zur Kunsthandlung, vom Klassisch-Traditionellen (Teehaus, Frühsport) bis zum Supermodernen (Shoppingtempel IFC-Mall) und endet mit einem Panoramablick aus der Cocktailbar.

08:00 Die Stadt erwacht mit Morgengymnastik – eine chinesische Tradition, die Sie am besten im ❶ **Victoria Park** → S. 39 erleben können. Dann ist *yam cha* (Teetrinken) dran: Hongkong-Frühstück mit Dimsum, und zwar im ❷ **Jade Garden** → S. 57, das in Fußwegentfernung

MTR CAUSEWAY BAY
❶ Victoria Park
❷ Jade Garden

Bild: Statue Square

❸ Bowrington Street Market

❹ Tempel der Sikhs

liegt. **Bummeln Sie weiter zum exotischen ❸ INSIDER TIPP Bowrington Street Market**, in dem sich die Zutaten der Hongkonger Küche ausbreiten.

10:00 Westwärts geht's nun die Wan Chai Road entlang, links in die Tak Yan Street und durch die Oi Kwan Road, dann treppauf zur Queen's Road East. Gegenüber steht der ❹ Tempel der Sikhs, eines von mehreren nichtchinesischen religiösen Zentren der Gegend. **Etwas nach rechts steigen Sie in einen Bus der Linie 6.** Wenn Sie oben links sitzen, können Sie von der windungsreichen Stubbs Road auf Happy Valley → S. 37 mit der Pferderennbahn hinabschauen. Jenseits des Passes fällt der

Diese Touren finden Sie als App unter go.marcopolo.de/hon

ERLEBNISTOUREN

Blick rechts aufs Südchinesische Meer und auf grüne Hügel. Hier wohnt die High Society. Am großen Badestrand der Repulse Bay → S. 48 vorbei erreichen Sie nach vielen weiteren Kurven ❺ Stanley → S. 48. **Steigen Sie am dortigen Busbahnhof aus.**

11:00 Richtung Meer führt die kurze Stanley New Street zum beliebten Stanley Market → S. 71. Genießen Sie auch die Aussicht von der Promenade und würdigen Sie das alte Murray House und den Tin-Hau-Tempel an der großzügigen, modernen Stanley Plaza. Wählen Sie dann eins der vielen Terrassenlokale für einen Mittagsimbiss. **Gegen 12.45 Uhr nehmen Sie den Bus 260 zurück nach Central.** Diese Linie verkehrt durch den Aberdeen-Tunnel und ist etwas schneller als die 6, aber egal: Beide bringen Sie ins Herz der Stadt.

13:30 Steigen Sie am Statue Square → S. 28 aus und gehen Sie von dort am Jardine House (mit den Bullaugen) vorbei zum Exchange Square → S. 30 und auf der Fußgängerebene oberhalb der Straße weiter in die ❻ IFC Mall → S. 30. Hier ist alles schick, klimatisiert, teuer und ein bisschen steril, aber der Panoramablick vom Dach ist super (Zugang seeseitig durchs Oval Atrium). **Auf der Fußgängerebene weiter westwärts überqueren Sie die Connaught Road und gelangen durchs Obergeschoss des Central Market zum Central Escalator, der Sie sanft bis zur Staunton Street hebt.**

14:30 In SoHo (South of Hollywood Road) führt die Staunton Street mit ihren vielen Lokalen zum ❼ PMQ → S. 34, Hongkongs Designzentrum. Eine halbe Stunde reicht für einen Schnupperbesuch, **dann geht's abwärts zur Hollywood Road → S. 70, wo Sie sich im ❽ Classified** (Nr. 108) bei einem Kaffee für die nächste Etappe stärken können. **Wenige Meter weiter geht es am Man-Mo-Tempel → S. 32 treppab und links in die Cat Street → S. 70, rechts runter zur Morrison Street und geradeaus zum Western Market → S. 36.**

16:00 Nehmen Sie eine der ❾ Straßenbahnen → S. 26, die hier wenden, und gondeln Sie mit Sitzplatz oben vorn durch den Central District **ostwärts bis Admiralty (achte Haltestelle). Nun rein ins Einkaufszentrum Pacific Place → S. 67 und geradeaus per Rolltreppe hoch zum Hong Kong Park → S. 30.** Spätestens jetzt muss scharf

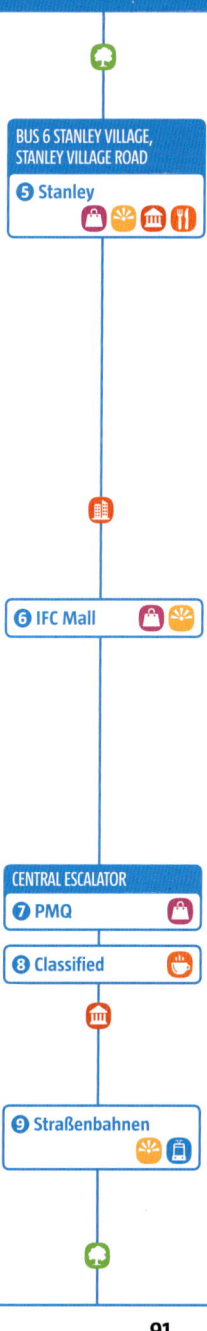

BUS 6 STANLEY VILLAGE, STANLEY VILLAGE ROAD

❺ Stanley

❻ IFC Mall

CENTRAL ESCALATOR

❼ PMQ

❽ Classified

❾ Straßenbahnen

91

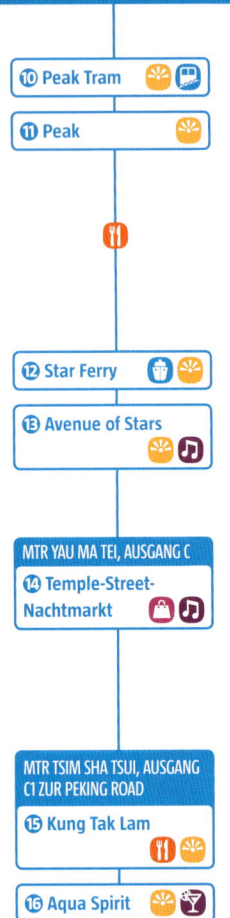

auf den Sonnenuntergang hin geplant werden. **Gehen Sie also zügig durch zur Talstation der** ⑩ **Peak Tram → S. 33**. Rechnen Sie mit mindestens einer halben Stunde Wartezeit, dann **schweben Sie aufwärts zum** ⑪ **Peak → S. 33** und zum Höhepunkt jeder Hongkong-Reise: dem Stadtpanorama in der Abenddämmerung. Das Abendessen wird heute zweigeteilt: Wer schon auf dem Peak ist, darf sich **das Peak Lookout → S. 63** nicht entgehen lassen (bei spätem Sonnenuntergang kehren Sie hier vorher ein).

19:15 Nach einer Vorspeise und einem Glas Wein geht es **wieder abwärts mit der Peak Tram, dann mit dem Bus 15C zur** ⑫ **Star Ferry → S. 26 und rüber auf die andere Wasserseite zur** ⑬ **Avenue of Stars → S. 40**. Nächster Höhepunkt ist hier die **Symphony of Lights → S. 75**. Das Hafenpanorama beeindruckt aber auch vor oder nach der Lasershow.

20:30 **Ab MTR-Bahnhof Tsim Sha Tsui fahren Sie zum** ⑭ **Temple-Street-Nachtmarkt → S. 79**. Hier tummeln sich nicht nur Schnäppchenjäger, sondern auch Laiensänger und Wahrsager. Das Südende des Markts liegt nah bei der Jordan Road. **Eine Station fahren Sie von hier aus per MTR wieder südwärts.**

21:30 Abendessen Teil 2: Leicht, gesund und nicht zu teuer schlemmen Sie chinesisch-vegetarisch im ⑮ **Kung Tak Lam → S. 58**. Wer vorab reserviert, hat die Chance auf einen Fensterplatz mit Hafenblick! Den bekommen Sie aber auf alle Fälle ganz oben im selben Haus: im ⑯ **Aqua Spirit → S. 77**, der Bar mit Superpanorama. Klar, billig ist sie nicht, aber Sie sind ja in Hongkong, um etwas zu erleben. Spätestens danach ist jeder reif fürs Bett.

ERLEBNISTOUREN

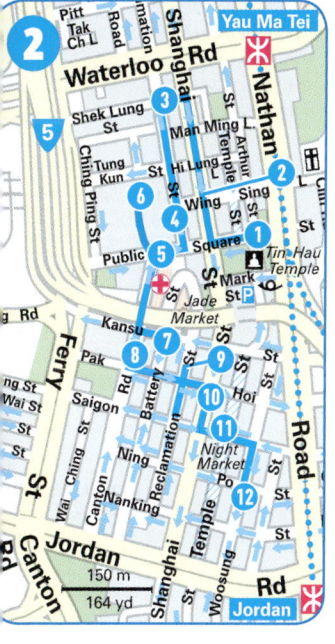

Im Tin-Hau-Tempel von Yau Ma Tei: Guanyin, Göttin der Barmherzigkeit

Erleben Sie Hongkongs exotische Seiten außerhalb der klimatisierten Konsumwelt! Auf diesem Spaziergang sehen Sie Hausaltäre, Hackklötze und Mahjongg-Salons, Sie schnuppern sich durch einen Obst- und Gemüsemarkt und bewundern die Schönheit chinesischen Jadeschmucks.

Los geht's beim ❶ **Tin-Hau-Tempel** → S. 44 von INSIDER TIPP **Yau Ma Tei** mit seinem schattigen Vorplatz. **Auf beiden Seiten der nordwärts führenden ❷ Shanghai Street** bilden Devotionalienläden, die Heiligenfiguren und Hausaltäre verkaufen, mit Haushalts- und Stahlwarengeschäften eine vermutlich weltweit einzigartige Mischung. Auf 200 m Strecke quellen die Läden über von chinesischen Fonduesets, Scheren, Gaslaternen, Waagen, Tischkarussells, Tontöpfen, Hackklötzen und Holzhockern, während andere Weihrauch, Opfergeld und geomantische Kompasse bereithalten. Achten Sie auf die Rückwände der Läden. Dort steht oft ein Schrein für den Schutzpatron Guan Yu, vor ihm als Opfergabe eine Schale Obst.

Gehen Sie noch einen Block weiter die Shanghai Street entlang, dann nach Westen zu den urigen ❸ Hallen des

MTR YAU MA TEI
❶ Tin-Hau-Tempel
❷ Shanghai Street
❸ Hallen des ehemaligen Obstgroßmarkts

ehemaligen Obstgroßmarkts. Das Hauptgeschäft wurde woandershin verlegt, jetzt finden sich hier überwiegend Einzelhändler. Die Uraltbauten, die erhalten bleiben sollen, sind teils von Pflanzen überwuchert, an einem Giebel sprießt sogar ein richtiger Baum.

Nun geht's südwärts. In der ❹ **Reclamation Street** folgen weitere Blechwarenläden mit Haushalts- und Großküchenartikeln, teilweise noch mit eigener Produktion. Beim Stahltrossenladen in Nr. 181 fragt man sich, wie sie die riesigen Rollen hinein- und wieder herausbekommen. **Am Nordende der Canton Road** steht Bausubstanz von 1923: die dreigeschossige ❺ **Yau Ma Tei Police Station** mit Kolonnaden im Erdgeschoss. **Nördlich gegenüber der Wache,** im Wohnkomplex Prosperous Garden, serviert das ❻ **INSIDER TIPP** **Cafe Kubrick** (neben dem Filmkunsttheater) Speisen und Getränke für den „westlichen" Gaumen (viele Teesorten!) – ein angenehmer Ort für eine Pause.

Weiter geht's südwärts zum ❼ **Jademarkt → S. 73. Nehmen Sie den zweiten Eingang (unter der Hochstraße).** So viel typisch chinesischen Schmuck wie hier finden Sie wohl nirgends sonst auf so engem Raum. **Entlang der** ❽ **Canton Road nach Süden** reihen sich Mineralienhandlungen. Hier können Sie schöne Bergkristallkugeln, Fossilien und Perlen erstehen. **Nächste Station (links ab durch die Pak Hoi Street) ist der** ❾ **Obst- und Gemüsemarkt Reclamation Street**, den ganze Duftsymphonien durchwehen – und fischige Missklänge.

Kehren Sie nach einem Rundgang zur Pak Hoi Street zurück und gehen Sie durch zur ❿ **Shanghai Street.** Beachten Sie die Hausnummer 189 mit **Jade- und Holzschnitzereien**, den **Weihrauchladen** in Nr. 185 und die **Garküche** in Nr. 183, die eine Schale mit Wonton-Teigtaschen in der Brühe für unter vier Euro serviert – eine willkommene Zwischenmahlzeit! Die Nr. 178 an der Ecke Saigon Street ist eine typische **Pfandleihe** Althongkonger Bauweise (mit unüberschaubar hohem Tresen und vergitterten Fenstern).

Biegen Sie ab in die ⓫ **Saigon Street.** In der **Kräuterapotheke** an der nächsten Ecke bilden zwei große Zinnkessel den Blickfang; darüber hängt ein Foto des Firmengründers. Schalen mit aufgegossenen medizinischen Tees stehen bereit. Auf der kreuzenden Temple Street → S. 72, 79 ist von dem Markttrubel, der hier

ERLEBNISTOUREN

abends ausbricht, noch nichts zu spüren. **Gleich rechts an der Ecke** passieren Sie einen **Mahjongg-Spielsalon**. Ein zweiter, mit einer Fassade aus gelblichem Marmor, folgt kurz darauf **in der Woosung Street** (Hausnr. 70–72), und einen dritten sehen Sie gegenüber. **Folgen Sie der Straße bis zur Ningpo Street** und genießen Sie im Eckladen ⓬ **Taste Pavilion** hongkongtypische kleine Imbisse, teils herzhaft, teils süß. Wie wär's z. B. mit den Fruchtdesserts – frisch, kühl und köstlich!

3 SPUREN DER GESCHICHTE

START: ❶ Statue Square
ZIEL: ⓬ Lock Cha Tea House

Strecke:
➡ 2,7 km

1½ Stunden
reine Gehzeit
50 Minuten

MITNEHMEN: ggf. Schirm als Regen- oder Sonnenschutz

ACHTUNG: Machen Sie den Spaziergang um die Mittagszeit, am besten an einem Werktag.
Vom Endpunkt aus gelangen Sie durchs Einkaufszentrum Pacific Place zur U-Bahn, zur Tram und zu einem Busbahnhof.

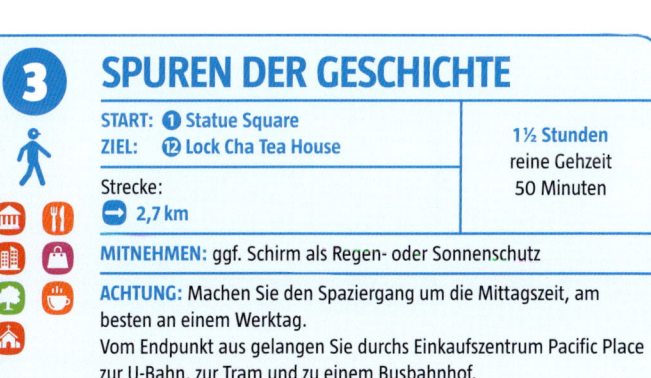

Das Hongkong, das historische Fotos zeigen, ist verschwunden. Aber nicht ganz, wenn Sie sich mit diesem Spaziergang auf Spurensuche begeben. Zwischen den Hochhaustürmen sind ein paar Zeugen der Kolonialzeit erhalten geblieben.

Begeben Sie sich in Hongkongs gute Stube: auf den ❶ **Statue Square** → S. 28. Dort steht gegenüber dem eleganten **Mandarin Oriental** → S. 83 ein hässliches Hochhaus: Es ist Sitz des ehrwürdigen **Hong Kong Club**, der einmal die heimliche Machtzentrale der Kolonie war, gleich nach dem Jockey Club und noch vor dem Gouverneur! **Überqueren Sie nun die Chater Road.** Sie war bis in die 1950er-Jahre Uferstraße und ist selbst erst um 1900 im Zuge einer Neulandaufschüttung entstanden. Der alte Kuppelbau hier ist das **Old Supreme Court Building** → S. 33. Dazu schauen die Hongkonger Notenbanken auf Sie herab: rechts die **Standard Chartered Bank**, in der Mitte das **HSBC-Hauptgebäude** → S. 35 und links folgt, hinter seinem Altbau wie eine riesige geometrische Skulptur aufragend, der **Bank of China Tower** → S. 35. Hätte der Cricket Club nicht auf der Fläche hinter dem Supreme Court bis 1977 seinen Rasenplatz gehabt, stünden hier, auf teuers-

MTR CENTRAL
❶ Statue Square

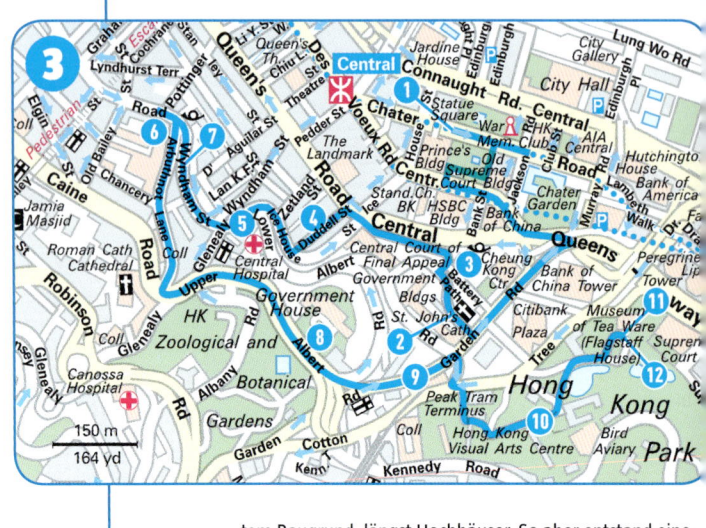

tem Baugrund, längst Hochhäuser. So aber entstand eine innerstädtische Grünanlage: der **Chater Garden**.

Die Garden Road hinaufgehend kommen Sie zur ❷ **St. John's Cathedral → S. 34.** Kaum zu glauben, dass ihr kleiner Turm früher einmal weithin sichtbar war! **Wenn Sie die Kirche durch das Hauptportal verlassen,** fällt der Blick nach rechts auf ein ansehnliches historisches Gebäude: das ❸ **French Mission Building**. Es war einst Sitz der französischen Fremdenmission und später des obersten Gerichtshofs.

❷ St. John's Cathedral

❸ French Mission Building

❹ Duddell Street

Den schattigen Battery Path geht es hinab zur ❹ **Duddell Street.** Die schöne, breite Treppe an ihrem Südende entstand um 1880; sie ist mit vier alten Gaslaternen geschmückt. **Die Stufen münden in die Ice House Street,** so genannt nach dem Eis aus den USA, das hier einst für den Sommer eingelagert wurde. Nutzen davon hatte auch die Molkerei im Haus Lower Albert Road 2, dem heutigen Domizil des Auslandskorrespondentenclubs. Im gleichen Stil entstand 1913 das Nachbarhaus, heute Sitz des ❺ **Fringe-Kulturclubs → S. 79.** Wer an einem Werktag mittags hier vorbeischaut, sollte sich oben bei **Colette's → S. 62** den INSIDER TIPP **vegetarischen Mittagstisch** gönnen.

❺ Fringe-Kulturclub

Im eben verlaufenden Teil der Wyndham Street beginnt die Gegend der Kunst- und Antiquitätenhändler. Heute do-

ERLEBNISTOUREN

miniert hier eine Gastronomie, die abends vor allem die Schickeria der Stadt anlockt, aber ein paar Galerien haben sich doch gehalten. Bald erscheint links Hongkongs größter Komplex von Bauten im Kolonialstil: die ehemalige ❻ **Central Police Station** → S. 30. Die von rechts heraufkommende Pottinger Street besitzt noch ihr altes Pflaster.

An der Arbuthnot Road erhebt sich das imposante Portal des ❼ **Magistratsgebäudes** von 1914. Nächstes Ziel ist das ❽ **Government House**: Die frühere Gouverneursresidenz geht auf das Jahr 1855 zurück und wurde später mehrfach erweitert. Nachdem Chris Patten, der letzte Gouverneur, am 30. Juni 1997 auszog, zierte sich Hongkongs Verwaltungschef bis 2006, ehe er hier seinen Amtssitz nahm. Um über die hohe, stachelbewehrte Einfriedung zu sehen, können Sie **auf der anderen Straßenseite eine Treppe ein paar Stufen hinaufsteigen.**

Wo der weitere Weg entlang der Upper Albert Road treppab wieder auf die Garden Road stößt, steht gegenüber das weiße ❾ **Helena May**, ein Frauenwohnheim aus dem Jahr 1916. Vom Untergeschoss des bergab nächsten Hochhauses verkehrt seit 1888 die Peak Tram. **Unter der Hochstraße hindurch kommen Sie nun zum** ❿ **Hong Kong Park** → S. 30 und damit zu Ihrer wohlverdienten Verschnaufpause. Suchen Sie sich eine freie Parkbank und genießen Sie das Drumherum mit Augen, Nase und Ohren: Bachgeplätscher, Blütenpracht und Blütendüfte, Hochhausfassaden, Vogelgezwitscher und oftmals auch Brautpaare beim Fototermin. Und das alles verdanken Sie dem britischen Militär, denn nur weil es hier früher seine Garnison unterhielt, blieb der Platz frei von Hochhäusern. **Folgen Sie nun den Schildern zum** 1844–46 als Residenz des Garnisonshauptmanns errichteten ⓫ **Flagstaff House** → S. 31. Zum Schluss kehren Sie **nebenan im** ⓬ **Lock Cha Tea House** → S. 73 auf einen Tee und leckere Dimsum ein!

Unter Hochhaustürmen: St. John's Cathedral

❻ Central Police Station
❼ Magistratsgebäude
❽ Government House
❾ Helena May
❿ Hong Kong Park
⓫ Flagstaff House
⓬ Lock Cha Tea House

4

GINSENG, KUNST UND SCHWALBENNESTER

START: ❶ MTR-Station Sheung Wan
ZIEL: ❶ MTR-Station Sheung Wan

2 ½ Stunden
reine Gehzeit
40 Minuten

Strecke:
🚶 2,5 km

MITNEHMEN: ggf. Schirm als Regen- oder Sonnenschutz

ACHTUNG: Unternehmen Sie diese Tour nicht am frühen Morgen oder am Abend und nicht an einem Sonn- oder Feiertag, wenn die Läden geschlossen sind.

Rätselhafte Waren und alte Kunst, umwerfender Nasenkitzel und beglückender Augenschmaus: Das sind ein paar der Eindrücke, mit denen das Viertel Sheung Wan aufwartet – wieder andere, aber nicht weniger exotische Facetten der Stadt.

❶ MTR-Station Sheung Wan
❷ Man Wa Lane
❸ Bonham Strand
❹ Western Market
❺ Sheung Wan Market
❻ Cat Street
❼ Man-Mo-Tempel
❽ Hollywood Road
❾ Hipster

Vom Ausgang A1 der ❶ **MTR-Station Sheung Wan** wenden Sie sich zweimal nach rechts in die ❷ **Man Wa Lane**. Dort reihen sich die kleinen Stände von Stempelmachern und Visitenkartendruckern aneinander. **Gehen Sie durch bis zur Straße** ❸ **Bonham Strand, dann rechts.** Jenseits der nächsten Kreuzung folgt bald der erste von zahlreichen Dörrpilz-, Ginseng- und Schwalbennestergrossisten. Die Nester liegen in durchsichtigen runden Plastikschachteln. In großen, geschlossenen Gläsern sehen Sie getrocknete Abalone und Haifischflossen. **Rechts geht's zum** ❹ **Western Market → S. 36** von 1906. **Zwei Straßen südlich,** im ❺ **Sheung Wan Market,** gibt's Lebensmittel auf zwei Etagen, darüber folgt ein Garküchenmarkt.

Ein paar Schritte die Treppenstraße (Tung Street) hinauf und schon haben Sie die ❻ **Cat Street → S. 70** erreicht, in der alter Krempel und Fälschungen ebenso verkauft werden wie hochklassige Antiquitäten. Die Straßenstände verführen zum ausgiebigen Stöbern. Den nächsten Höhepunkt bildet der populäre ❼ **Man-Mo-Tempel → S. 32. Die** ❽ **Hollywood Road → S. 70 Richtung Westen** ist mit ihren Antiquitätenläden und großen Schaufenstern wie eine einzige, riesige Kunstgalerie. **Durch die Upper Station Street gehen Sie dann aufwärts und oben links zur Tai Ping Shan Street Nr. 16,** wo ❾ **INSIDERTIPP Hipster** Ihnen ein zweites Frühstück oder Kaffee und Kuchen serviert. **Danach retour**

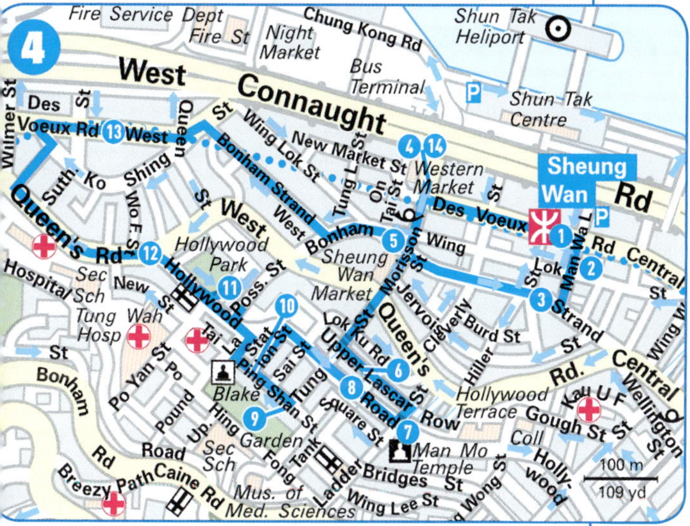

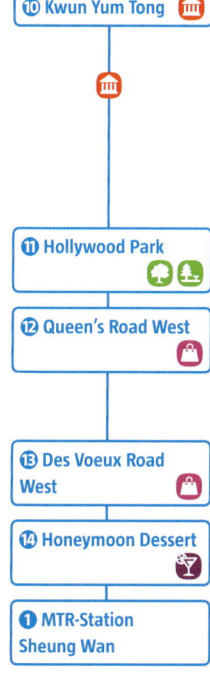

und geradeaus weiter! Sie passieren den Tempel ⑩ **Kwun Yum Tong** („Guanyin-Halle") mit vergoldeter Hängeschnitzerei vor dem Eingang. **Treppab** folgt gleich rechts eine weitere Guanyin-Halle, diese mit 60 vergoldeten Jahresgöttern (linke Wand) und einem Glückspropeller. **Rechts ab geht's zur Einmündung der Possession Street.** Ihr Name erinnert daran, dass die Briten hier am 26. Januar 1841 zum ersten Mal auf der Insel den Union Jack hissten.

Nun lädt der ⑪ **Hollywood Park** zur Rast. Gegenüber von seinem Eingang sehen Sie zwei Läden mit rätselhaft erscheinenden Waren: Es sind chinesische Holzsärge. **In der ⑫ Queen's Road West** folgen dann wieder Dörrwaren-, Kräuter- und Ginsengläden. Gegenüber wird fürs Jenseits gesorgt: Vom Sportschuh bis zum Handy gibt es aus Papier gefertigt alles für die Ahnen. **Nun neben Haus Nr. 181** (mit erstaunlichen Baumpilzen im seitlichen Schaufenster) **runter zur ⑬ Des Voeux Road West, dann rechts:** Hier vollführen auf 100 m Länge Dörrfischgrossisten (mit Stockfisch, Haifischflossen, Muscheln, Seepferdchen, Fischlippen) eine wüste Geruchsattacke. **Durch Bonham Strand West geht es zurück Richtung U-Bahn.** Beim Western Market gönnen Sie sich noch eine fruchtige Erfrischung bei ⑭ **Honeymoon Dessert** → S. 57 – am besten eine mit Mango! Die Tour endet wieder an der ① **MTR-Station Sheung Wan**.

⑩ Kwun Yum Tong

⑪ Hollywood Park

⑫ Queen's Road West

⑬ Des Voeux Road West

⑭ Honeymoon Dessert

① MTR-Station Sheung Wan

MACAU

> **WOHIN ZUERST?**
> **Largo do Senado (148 C4)**
> *(ɱ c4):* Ehe Sie womöglich dem Glücksspiel verfallen, ist das historische Zentrum dran – vom „Senatsplatz" aus sind die meisten Altstadt-Attraktionen zu Fuß erreichbar. Die Busse, die auf der am Largo do Senado entlangführenden Straße verkehren, fahren auch zu entfernteren Zielen innerorts und auf die Inseln.

> **KARTEN AUF S. 148–151**
> Von Hongkong nach Portugal in einer Stunde? Tatsächlich brauchen die Tragflächenboote für die 65 km quer über die Perlflussmündung nicht länger.

Die einstige portugiesische Überseeprovinz wurde 1557 als Handels- und Missionsstation gegründet und ist die älteste europäische Niederlassung in Ostasien. Auf einem Drittel der Fläche von Hong Kong Island wohnen hier 650 000 Menschen. Mit dem Aufstieg Hongkongs in eine Art Dornröschenschlaf gefallen, ist Macau heute eine kuriose Kombination aus chinesischer Mittelstadt, portugiesischer Kleinstadt und pompösem Las Vegas, wobei es das US-Vorbild bei den Wettspielumsätzen inzwischen überflügelt. 1999 ging die Stadt offiziell an China zurück. Zwar ist Portugiesisch neben Chinesisch noch Amtssprache, aber tatsächlich ist Englisch wichtiger.

Für alle, die ihr Geld lieber zusammenhalten, als damit die Glücksspielindus-

Kirchen und Kasinos: Europas ältester Vorposten im Fernen Osten pflegt seine eigenen Traditionen

trie zu subventionieren, setzt das europäisch-koloniale Erbe die Glanzlichter in der Stadt: Nahezu alle historisch wertvollen Gebäude wurden restauriert, manches davon stammt aus einer Ära, als Hongkong noch gar nicht existierte.

Weil sie den frühen Austausch zwischen Ost und West bezeugen, wurden 25 historische Bauten als ★ *Unesco-Welterbestätten (www.wh.mo)* anerkannt. Dazu gehören die Ruine São Paulo, der Protestantische Friedhof, das Guia-Fort, der A-Ma-Tempel (Ma Kok Miu), die Gebäude im Zentrum rund um den Largo do Senado, das Haus des Mandarins sowie mehrere Kirchen und weitere Tempel. Detaillierte Infos dazu finden Sie (samt einem interaktiven Lageplan) unter *www.culturalheritage.mo*.

SEHENSWERTES

Das historische Zentrum rund um den Rathausplatz, den *Largo do Senado,* bis hin zum Protestantischen Friedhof entdecken Sie am besten zu Fuß. Auch die

Südspitze (mit Museu Marítimo und A-Ma-Tempel) lohnt sich zu umwandern. Ebenfalls in Fußwegentfernung voneinander liegen der Guia-Hügel und der Jardim de Lou Lim Ieoc. Schöne Vorschläge für INSIDER TIPP Spaziergänge finden Sie unter *portal.gov.mo/web/guest/tourist* (Menü „Sightseeing") – samt Kartenmaterial und Beschreibungen (auf Englisch).

spendierte *(www.macaupanda.org.mo)*. Eine Monumentalfigur der Tin Hau oder A-Ma, der Schutzpatronin der Seefahrer, samt zugehörigem, opulent dekoriertem Tempel, krönt die Spitze der Insel.

Das INSIDER TIPP *Dorf Coloane* hat noch ein traditionelles Gesicht. Von der Bushaltestelle sind es wenige Schritte zum Wasser – dabei kommen Sie an *Lord*

Herzklopfen für Motorsportfans: ehrwürdiger Flitzer im Grand-Prix-Museum

COLOANE (路環) ★
(150–151 B–E 4–6) (*ɯ b–e 10–12*)

Die ländliche Insel bleibt auf Regierungsbeschluss kasinofrei. Zu ihr gehören Macaus einzige Badestrände. Am idyllischen *Cheoc-Van-Strand* im Süden liegt ein Park mit Schwimmbad und Restaurantbar. Größer ist der dunkelsandige Strand *Hac Sa* im Osten, ebenfalls mit Schwimmbad, nebenan liegt ein Golfplatz. Im *Seac-Pai-Van-Park* an der von Norden her nach Coloane-Dorf führenden Straße liegt der jüngste Besuchermagnet der Insel: ein Gehege für zwei Große Pandas, die die chinesische Regierung Macau zum zehnjährigen Jubiläum der „Heimkehr"

Stow's Bakery vorbei, die *pastéis de natas,* köstliche Pastetchen, verkauft. Links geht es zur *Kirche S. Francisco Xavier*. Das Denkmal auf dem Vorplatz erinnert an einen Sieg der Dorfbewohner über Piraten, die im Jahr 1910 ihre Kinder entführt hatten. Das *Café Nga Tim* an der Ecke bei der Kirche serviert typisch macanesische Gerichte. Weiter geht es die Uferstraße entlang bis zum *Tam-Kung-Tempel* ganz am Ende. Bummeln Sie auf dem Rückweg durch die Gasse, die von der Kirche beim Café Nga Tim parallel zum Ufer verläuft; dort gibt es ein paar interessante Läden. Danach geht's wieder auf die Uferstraße; sie führt nordwärts zu einer Reihe von

MACAU

Werften für traditionelle Holzdschunken. Neubauten werden jedoch kaum mehr auf Kiel gelegt. *Busse 15, 21A, 25, 26A*

COTAI (路氹城)
(150–151 B–D 2–4) (⌘ b–d 8–10)

Auf dem Neuland zwischen den Inseln Coloane und Taipa entsteht das Las Vegas des Ostens. Sechs riesige Komplexe sind bereits zu bestaunen, in den nächsten Jahren werden weitere die noch leeren Flächen füllen. Am meisten sticht das bombastische ★ ● *The Venetian* (www.venetianmacao.com) ins Auge. Als es 2007 eröffnet wurde, ließ es gleich den ganzen Rest von Macau verblassen – mit 2900 Hotelsuiten, 350 Läden, 100 000 m^2 Kongress- und Ausstellungsfläche, einem Showtheater, einer 15 000-Plätze-Arena, dem weltgrößten Kasino mit 850 Spieltischen und vielem mehr. Nicht zu vergessen die Campanile, die Rialtobrücke, der Dogenpalast und echte Gondelfahrten durchs klimatisierte Pseudovenedig! Und dabei ist der neobarocke Kitsch im Innern noch um einiges spektakulärer als das Äußere.

Gegenüber vom Dogenpalast geht's in die ● *City of Dreams* **(148 C4) (⌘ c4)**. Dazu gehören außer dem obligatorischen Kasino und einer Ladenpassage noch drei Hotels und ein 2000-Plätze-Theater mit der abendlichen Show *The House of Dancing Water* (s. S. 111).

Östlich (jenseits der neuen Hochbahnstrecke) folgt das *Wynn Palace*, zu dem Sie per Seilbahn hochschweben können, vorbei an goldenen Riesendrachen. Der Hotel-Kasino-Komplex hat das Thema „Blüten" – mit unfassbaren Arrangements, größtenteils aus Zehntausenden von konservierten natürlichen Blumen. Pop-Art-Künstler Jeff Koons steuerte einen Strauß gigantischer Tulpen bei.

Noch nicht genug gestaunt? Dann auf zum *The Parisian*! Der Komplex südlich vom *Venetian* ist ähnlich bombastisch. Die Hotelrezeption würde mit ihrem Prunk selbst Versailles Konkurrenz machen. Draußen fahren Sie hoch aufs Eiffelturm-Imitat im Format 1:2. Und hat man sich im Komplex erst mal verlaufen, fragt man sich, ob es überhaupt noch eine Außenwelt gibt. Achtung: Das Mindestalter beim Kasinobesuch ist 21! *Gratisbus zur City of Dreams ca. 8.30–22 Uhr alle 15–30 Minuten ab Hotel Sintra (westl. vom Grand Lisboa), auch Stadtbusse 15, 21A, 25, 26A*

GRAND-PRIX-MUSEUM UND WEINMUSEUM (大賽車博物館 UND 葡萄酒博物館) **(149 D4) (⌘ d4)**

Originalfahrzeuge, Fotos, Videos und andere Dokumente zeichnen im ● *Grand-Prix-Museum* die Geschichte der seit 1954 ausgetragenen Auto- und Motorradren-

---

MARCO POLO HIGHLIGHTS

★ **Unesco-Welterbestätten**
Das historische Gesicht der Stadt
→ S. 101

★ **Coloane**
Ländliche Insel mit den einzigen Badestränden Macaus
→ S. 102

★ **The Venetian**
Der Kasinopalast der Superlative
→ S. 103

★ **Macau Museum und Fortaleza do Monte**
In dem mächtigen Fort entführt das liebenswert gestaltete Museum ins alte Macau → S. 106

★ **The House of Dancing Water**
Die spektakuläre Show in der City of Dreams → S. 111

nen nach. Höhepunkt ist ein „Ritt" im **INSIDERTIPP Fahrsimulator**. Nebenan im *Weinmuseum* veranschaulichen Fotos und Geräte die Kunst der portugiesischen Winzer. *Mi–Mo 10–18 Uhr | Eintritt frei, kleine Weinprobe 15 Ptcs | Tourism Activities Centre | Rua de Luis Gonzaga Gomes 431 | 高美士街 431*

GUIA-HÜGEL (东望洋山)
(149 D3–4) (*m d3–4*)
1638 entstand auf Macaus höchster Erhebung ein Fort. Seit 1865 wird es überragt vom *Farol da Guia,* einem Leuchtturm. Nebenan steht eine hübsche alte Kapelle, auf der Rückseite geht es in einen Luftschutzbunker von 1931. *Tgl. 10–17 Uhr | Seilbahn ab Flora-Garten (unweit Jardim de Lou Lim Ieoc), oben nach rechts gehen*

HISTORISCHE BAUTEN IM ZENTRUM
(148 B–C4) (*m b–c4*)
Macaus städtebauliche Mitte ist der als Fußgängerbereich gestaltete *Largo do Senado,* „Platz des Senats". Mit seiner geschlossenen und makellos restaurierten Bebauung strahlt er Würde aus, auch wenn sich in den Arkaden leider eine gewisse amerikanische Frikadellenbraterei und ähnliche Geschäfte breitgemacht haben, die hier wie dort Lokalkolorit durch internationale Einheitskost und -kleidung ersetzen. Der prägende Bau an seiner Südseite ist der *Leal Senado (tgl. 9–19 Uhr),* der „loyale Senat": das ehemalige städtische Rathaus. Am Gebäude steht allerdings nicht dieser Name, sondern „Institut für bürgerliche und städtische Angelegenheiten", daher die neue Bezeichnung „IACM-Gebäude". Es entstand gegen Ende des 18. Jhs. Werfen Sie einen Blick in die ehrwürdigen, holzvertäfelten Räume im Obergeschoss: die öffentliche Senatsbibliothek und den Ratssaal. Kachelbilder im Hof zeigen historische Stadtansichten. Die Räume im Erdgeschoss werden für wechselnde Ausstellungen genutzt.

Über die Gasse rechts am Leal Senado vorbei gelangen Sie bergan zu einem Ensemble schön restaurierter alter Gebäude rund um die Kirche *Santo Agostinho*. Ihr gegenüber steht das klassizistische *Teatro Dom Pedro* aus dem Jahr 1860; es ist der älteste Theaterbau westlichen Stils in Fernost.

Zurück am Largo do Senado erreichen Sie an dessen Nordende *São Domingos,* Macaus schönste Barockkirche. Sie wurde im 17. Jh. von Dominikanern erbaut und 1996/97 glanzvoll restauriert. Das Prunkstück ist der große Altar. Das Bildnis der

LOW BUDG€T

Kasinos: Der Eintritt ist frei und man kann überall zuschauen und Atmosphäre schnuppern. Besonders lohnen die großen, neuen und prächtigen, in denen auch am meisten los ist. Reisepass mitnehmen!

Übernachten: Wenn Sie in Hongkong über die Reisebüros im *Shun Tak Centre* **(136–137 C–D1)** (*m B10*) vorab buchen, sind unter der Woche vor allem bei den besseren Häusern erhebliche Rabatte drin.

San Va Hospedaria **(148 B4)** (*m b4*) *(Rua da Felicidade 65–67 | Tel. 28 57 37 01 | www.sanvahotel.com):* Wohnen im Altbau in der romantischen Rua da Felicidade! Die meisten der 33 Zimmer sind winzig (viele ohne Bad) und die Wände bestehen aus Pappe, dafür zahlt man aber auch nur ab rund 25 Euro die Nacht.

Fátima in der linken Seitenkapelle wird am 13. Mai zu einer Prozession hervorgeholt. Der Glockenturm beherbergt ein Kirchenmuseum *(tgl. 10–18 Uhr).*

JARDIM DE LOU LIM IEOC
(盧廉若公園) ● (149 D3) (*m d3*)

Macaus schönster Park wurde im 19. Jh. als Privatgarten für einen chinesischen um Di–So 9–19 Uhr | *Estrada de Adolfo Loureiro* | 羅利老馬路

KUN IAM TONG (觀音堂)
(149 D2–3) (*m d2–3*)

Die „Guanyin-Halle", Macaus bedeutendster buddhistischer Tempel, stammt aus dem 17. Jh. Hier wurde 1844 der erste amerikanisch-chinesische Vertrag unter-

Jardim de Lou Lim Ieoc – Miniaturlandschaft und Macaus schönster Park

Kaufmann angelegt. Er ist eine Kombination aus klassischer chinesischer Gartenkunst mit macanesischer Kolonialarchitektur und damit etwas sehr Besonderes. Man spaziert durch eine Miniaturlandschaft mit künstlichen Gebirgen, Bambushainen und einem Goldfischteich mit Lotosblumen. In den Pavillons treffen sich oft Laienmusiker. Unter dem Vordach der Gartenvilla lässt sich wunderbar eine Erholungspause einlegen. In einem schön restaurierten Altbau am Rand des Gartens ist ein Museum der Teekultur untergebracht. *Garten tgl. 6–21 Uhr, Muse-* zeichnet. Die Göttin der Barmherzigkeit steht in der letzten Halle im Mitteltrakt der großen Anlage, deren einzelne, kleine Gebäude in typisch kantonesischem Stil von bunt verzierten Firsten gekrönt werden. In zwei Seitenhallen wird jüngst Verstorbenen geopfert. Ganz im Osten führt ein Durchgang erst nach vorn und dann zum rückwärtigen Tempelgarten. Dort wird der berühmte „Lover's Tree" neu zurechtgezogen, ein Baumkuriosum mit mehreren Stämmen; das imposante Original war 1994 eingegangen. *Av. do Coronel Mesquita* | 美副將大馬路

LARGO DO LILAU UND HAUS DES MANDARINS (阿婆井前地 UND 鄭家大屋) *(148 B5) (ɯ b5)*

Den stimmungsvollen Platz *Largo do Lilau* (englisch: Lilau Square) rahmt ein schön restauriertes Ensemble alter Häuser. Das bergab führende Gässchen bringt Sie zum *Haus des Mandarins,* dem stattlichen Anwesen einer einst ebenso gelehrten wie wohlhabenden chinesischen Familie. Ihr bekanntestes Mitglied war Zheng Guanying (1842–1921), ein Industrieller, Schriftsteller und Reformer. Die heruntergekommenen Gebäude wurden mustergültig restauriert. Darin zu sehen sind noch einige Schrifttafeln, Möbel und feines Schnitzwerk. *Do–Di 10–18 Uhr | Eintritt frei | Travessa de António da Silva 10 | 龍頭左巷 10 | www.wh.mo/mandarinhouse*

LAS-VEGAS-HOTELS IM ZENTRUM
(148–149 C–D 4–5) (ɯ c–d 4–5)

Man sieht ihn schon von Weitem: den verrückten 258-m-Turm des *Grand Lisboa.* Der Hingucker will sowohl an eine brasilianische Tänzerin mit Federboa als auch an eine Lotosblüte erinnern. Über die Hülle des ballonartigen Sockels laufen nachts bewegte Bilder.

Nächste Station ist das *Wynn.* Vor seinem Eingang spielen im Viertelstundentakt bunte Musikfontänen. In einer Rundhalle im Einkaufszentrum wächst alle Stunde der goldene „Tree of Prosperity" (Wohlstandsbaum) aus dem Boden, während von der Decke ein durch LEDs erleuchteter Lüster aus 21 000 Kristallen herabsinkt. Je eine halbe Stunde später schwebt der „Glücksdrache" aus Nebeln empor.

Etwas anderes hat sich das benachbarte *MGM Grand* ausgedacht: ein Atrium aus Lissaboner Prachtfassaden. Für alle drei gilt: Kitschverächter machen besser einen großen Bogen darum.

MACAU MUSEUM UND FORTALEZA DO MONTE (澳門博物館 UND 大炮台) ★ *(148 C3–4) (ɯ c3–4)*

Auf Rolltreppen gleitet man von der São-Paulo-Ruine zum Stadtmuseum hinauf, das in der „Bergfestung" ⚘ *Fortaleza do Monte (Plattform tgl. 7 Uhr bis Sonnenuntergang)* untergebracht ist, Macaus größtem Fort. Es wurde 1617–26 von Jesuiten errichtet und bietet einen schönen Rundblick. 1622 gelang es von hier aus, einen Angriff der Holländer abzuwehren. Anhand von sorgfältig zusammengetragenen und schön präsentierten Originalen und Modellen, durch audiovisuelle Medien und liebevoll gestaltete Dioramen wird im 🟠 *Macau Museum (Di–So 10–18 Uhr, Einlass bis 17.30 Uhr | Eintritt 15 Ptcs | www.macaumuseum.gov.mo)* das Leben im alten Macau wieder lebendig gemacht – mit Häuserfronten, Läden und sogar den Rufen von Straßenhändlern.

MACAU TOWER (澳門旅遊塔) ⚘
(148 B6) (ɯ b6)

Der 338 m hohe Turm steht auf neu aufgeschüttetem Land und setzt mit einem Kongresszentrum sowie dem neuen Parlamentsbau einen wenig überzeugenden städtebaulichen Kontrapunkt zur Altstadt. Der Rundblick von oben ist natürlich bestens. Abenteuernaturen steigen zum Skywalk ins Freie – oder zum tiefsten Bungeejump der Welt: 233 m! *Tgl. 10–21 Uhr, Drehrestaurant bis 22 Uhr | Aussichtsplattform 135 Ptcs | www.macautower.com.mo*

MA KOK MIU (A-MA-TEMPEL) (媽閣廟) *(148 B5) (ɯ b5)*

Der älteste Tempel der Stadt. Auf die hier verehrte Schutzpatronin der Schiffer, A-Ma, geht der Name „Macau" zurück *(A-Ma-Gao:* A-Ma-Bucht*).* Die unregelmäßige, schattige Anlage besteht aus kleinen

MACAU

Gebäuden an einem steilen Hang über dem Meer. Der Haupttempel befindet sich unten, weiter oben folgt ein Guanyin-Tempel. *Largo do Pagode da Barra | 媽閣廟前地*

MUSEU DE ARTE UND HANDOVER GIFTS MUSEUM (藝術博物館 UND 澳門回歸賀禮陳列館) (149 E5) (*ω e5*)

MAM: Das ist die Abkürzung für Macaus Kunstmuseum *Museu de Arte (www.*

MUSEU MARÍTIMO (海事博物館) (148 A–B5) (*ω a–b5*)

Dem A-Ma-Tempel (Ma Kok Miu) gegenüber liegt das hervorragende Seefahrt- und Meeresmuseum. Es hat vier Abteilungen: Fischerei im Südchinesischen Meer, Seereisen und Entdeckungen, Meeresbiologie sowie Hafentechnik und Hydrografie. Die Exponate – Modelle, Dioramen, Aquarien, Seekarten, Werkzeuge – werden in drei Sprachen

Kein Spaziergang für schwache Nerven: der Skywalk auf dem Macau Tower

mam.gov.mo). Es ist Teil des Kulturzentrums und zeigt eine eher kleine ständige Sammlung macanesischer Gemälde, daneben auch Wechselausstellungen. Richtung Norden schließt sich das *Handover Gifts Museum (handovermuseum. iacm.gov.mo)* an: für die Staatsgeschenke, die alle chinesischen Provinzen Macau zur „Heimkehr" 1999 schenkten – eine Schau chinesischen Prunksinns, die einen gleichzeitig erstaunen und erschauern lässt. *Di–So 10–19 Uhr, Einlass bis 18.30 Uhr | Eintritt MAM 5 Ptcs, Handover Museum frei | Av. Xian Xing Hai | 洗星海大馬路*

erläutert. *Mi–Mo 10–18 Uhr, Einlass bis 17.30 Uhr | Eintritt 10 Ptcs, So 5 Ptcs | Largo do Pagode da Barra | 媽閣廟前地 | www.museumaritimo.gov.mo*

PFANDHAUSMUSEUM (典當業展示館) (148 B–C4) (*ω b–c4*)

Eindrucksvoll ist das festungsartige Magazin für die Pfänder, interessant, wie der Chef seine Mitarbeiter im Blick behielt. Das Haus ist Teil des Culture Clubs mit gutem Souvenirladen und einer Teestube. *Tgl. außer am 1. Mo im Monat 10.30– 19 Uhr | Eintritt frei | Av. Almeida Ribeiro 396 | 新馬路 396*

PORTAS DO CERCO (關閘)
(149 D1) *(🕮 d1)*
Das 1870 erbaute Grenztor zu China ist nur noch ein Denkmal vor dem Hintergrund riesiger Abfertigungsgebäude. Die Daten vom August 1849 auf der Frontseite erinnern an die Ermordung eines Gouverneurs der Stadt durch aufständische Chinesen und einen anschließenden Rachefeldzug der Portugiesen. Die Aufschrift: „Ehre dein Vaterland, denn sein Auge ruht auf dir" ermahnt dazu, auch nach Passieren des Tors für Portugal stets Ehre einzulegen. *Ganz im Norden*

PROTESTANTISCHER FRIEDHOF UND JARDIM LUÍS DE CAMÕES
(基督教墳場 UND 白鴿巢公園)
(148 C3) *(🕮 c3)*
Der schattige Park *Jardim Luís de Camões* erinnert an den großen Dichter, der ab 1558 mehrere Jahre in Macau lebte und in seinem „Os Lusíadas" die portugiesischen Eroberungen besang. Der schlichte *Protestantische Friedhof* nordöstlich des Parkeingangs ist ein steinernes Geschichtsbuch: Seuchen und Piraten rafften die meisten Kauf- und Seeleute schon

Nicht verpassen: Die Ruine von São Paulo ist ein Wahrzeichen Macaus

in jungen Jahren dahin. *Praça Luís de Camões* / 白鴿巢前地

SÃO PAULO (大三巴牌坊)
(148 C3–4) *(🕮 c3–4)*
Die imposante Fassade der 1835 abgebrannten Kathedrale ist Macaus Wahrzeichen und ein kulturhistorisches Denkmal ersten Rangs. Japanische und kantonesische Christen schufen sie in den Jahren 1620–27 nach dem Entwurf eines italienischen Jesuiten. Man sieht steingewordene Heidenmission: Oben, unter dem Kreuz, schwebt die Taube als Symbol des Heiligen Geists, darunter steht Jesus, darunter Maria, die weiter rechts betend einen Drachen besiegt; rechts daneben folgt ein Memento mori auf Chinesisch:

MACAU

„Bedenkst du den Tod, wirst du nicht sündigen." Dem entspricht links neben dem Handelsschiff: „Der Teufel verführt die Menschen zur Sünde." Am Ende des verschwundenen Kirchenschiffs zeigt ein unterirdisches *Museum (tgl. 9–18 Uhr)* christliche Kunst sowie die Knochen japanischer und vietnamesischer Märtyrer aus dem 17. Jh.

TAIPA (氹仔)
(150–151 A–D 1–2) (∭ a–d 7–8)

Auf der Insel am Ende von drei Brücken liegen die Pferderennbahn, die Universität, der Flughafen und eine Satellitenstadt. Schön zum Bummeln ist die als *Taipa-Dorf* (Taipa Village) bekannte Gegend im Süden. Dort säumen zweigeschossige Häuser autofreie Gässchen; die Hauptstraße Rua da Cunha, ebenfalls autofrei, ist für ihre *Pastelerias* (Konditoreien), Cafés und Restaurants bekannt. Gehen Sie an ihrem Südende links und dann nach rechts die Treppen hoch, so erreichen Sie die 1885 in klassizistischem Stil erbaute Karmeliterkirche. Durch eine gepflegte Parkanlage geht es nun hinab zu einer Wasserfläche, die einmal Teil des Ozeans war. Jenseits davon sind die Hotel- und Kasinopaläste von Cotai zu sehen. Entlang dem schattigen Ufer bilden fünf restaurierte Villen das *Taipa House Museum*. Hier sieht man, wie um 1900 die „besseren Leute" wohnten. Ein Fahrsteig stellt eine Fußwegverbindung zum *The Venetian* her. Busse 11, 15, 28A, 33

ESSEN & TRINKEN

Macaus Restaurants sind außerhalb der Großhotels viel familiärer und „europäischer" als die pompöse Hongkonger Konkurrenz – und billiger, vor allem beim Wein. Eine Besonderheit sind die macanesischen Gerichte, in denen Portugiesisches mit Kantonesischem verschmilzt. Die Spezialitäten sind afrikanisches Hühnchen, Macau-Seezunge *(sole)*, Kabeljau *(codfish)*, Garnelen und Taube.

ANTÓNIO (安東尼奧餐廳)
(150 B2) (∭ b8)

In seinem schlichten Sieben-Tische-Lokal in Taipa-Dorf kocht António Coelho auf Gourmetniveau. Vieles bereitet der Meister selbst vor den Augen der Gäste am Tisch zu. *Rua dos Clérigos 7 | 氹仔木鐸街 7 | Tel. 28 88 86 68 | www.antoniomacau.com | €€€*

INSIDER TIPP CAFÉ OU MUN
(澳門咖啡) (148 C4) (∭ c4)

Ortstypisches Caférestaurant in einer Seitengasse des Largo do Senado. Günstige Tagesmenüs, portugiesisches Gebäck, umfangreiche Sandwichkarte. *Travessa de São Domingos 12 | 板樟堂巷 12 | Tel. 28 37 22 07 | €*

CLUBE MILITAR (澳門陸軍俱樂部)
(148 C4) (∭ c4)

Nur keine Schwellenangst: In dem schönen Altbau knallen bloß die Sektkorken. Aufgetischt wird Ihnen portugiesische Küche in künstlerischem Ambiente. *Av. da Praia Grande 975 | 南灣大馬路 975 | nahe Hotel Lisboa | Tel. 28 71 40 10 | €€*

FERNANDO (法蘭度餐廳)
(151 D5) (∭ d11)

In-Restaurant hinter einer Bougainvilleenlaube am Hac-Sa-Strand. Hier werden üppige Meeresfrüchtegerichte serviert. Mit Terrassenbar. Keine Tischreservierung! *Coloane | 路環黑沙海灘 | €*

LITORAL (海灣餐廳) (148 B5) (∭ b5)

Führend in macanesischer Küche und einer der besten Orte für afrikanisches Hühnchen. *Rua do Almirante Sérgio 261a | 河邊新街 261a | nahe dem Museu Marítimo | Tel. 28 96 78 78 | €€*

INSIDER TIPP ▶ NOODLE AND CONGEE CORNER (粥麵莊)
(148 C4–5) (*c4–5*)

Im Kasino, und dann auch noch billig und gut? Kaum zu glauben, aber so ist es. Es gibt auch nicht nur Nudeln und Reissuppe, wie der Name sagt. Dank der offenen Küche können Sie verfolgen, wie eine Suppe mit nur einer einzigen Drei-Meter-Nudel darin entsteht. *Grand Lisboa, 2. OG | 新葡京酒店 | Tel. 88 03 77 55 | €*

EINKAUFEN

Internationale Luxusmarken füllen die Ladenpassagen der Großhotels. Nach Antiquitäten stöbern lässt sich in der *Rua de Nossa Senhora de Amparo (148 C4)* (*c4*) und den angrenzenden Gassen; dort gibt's auch einen kleinen Flohmarkt. *Artesanatos Fai Long (Rua São Paulo 33B)* führt kolorierte Porzellanfiguren bester Qualität aus Shiwan.

AM ABEND

CENTRO CULTURAL (文化中心)
(149 E5) (*e5*)

Macaus Kulturzentrum fällt ins Auge mit dem aufwärts geschwungenen, schwebenden Dach des Theater- und Konzertgebäudes. Hier gastieren Künstler aus China und aus aller Welt. *Av. Xian Xing Hai | 冼星海大馬路 | Tel. 28 55 55 55 | Kartenkauf per Kreditkarte Tel. 28 40 05 55 | www.ccm.gov.mo*

INSIDER TIPP ▶ COTAI BEI NACHT
(150–151 C–D 2–3) (*b–d 8–10*)

Asiens Las Vegas erleben! Erst im Dunkeln entfaltet die Glitzerwelt des *Cotai-Strip* ihre ganze Pracht. Die coolsten Ziele liegen dicht beieinander: *The Venetian* (Gondelfahrt), *The Parisian* (rauf auf den Eiffelturm!), *City of Dreams* (Vquarium – zur gratis Wassernixenshow) und *Wynn Palace* (Seilbahnrundtour). Überall gibt's

Optische Täuschung, das ist noch Macau: Richtig, im Venetian geht's venezianisch zu

MACAU

mehr Wow-Effekte, als man hier aufzählen kann. Und sollte der Dauerbrenner *The House of Dancing Water* ausverkauft sein, werden woanders noch mehr (wechselnde) Showprogramme geboten. Fragen Sie am besten gleich bei der Einreise in der Touristeninfo danach.

THE HOUSE OF DANCING WATER
(水舞間) ⭐ (150 C2) (*c8*)
Die spektakulärste Show in der ganzen östlichen Hemisphäre. Die Manege in dem 2000 Zuschauer fassenden Theater verwandelt sich nach Belieben in ein Wasserbecken, aus dem Schiffe auftauchen und in dem Menschen verschwinden. Vor allem die Motorradstunts sind atemberaubend. *City of Dreams | Cotai | Do–So 17 und 20 Uhr, Mo 20 Uhr (Abweichungen möglich) | Karten ab 580 $ | Kartentel. 88 68 67 67 | www.thehouseofdancingwater.com*

ÜBERNACHTEN

Die Preise sind am Wochenende höher als an Werktagen. Hotels in Macau: *www.macautourism.gov.mo (Menüpunkt „Reisevorbereitung", „Bevor Sie reisen")*.

EAST ASIA (東亞酒店)
(148 B4) (*b4*)
Altstadthotel mit 98 Zimmern. Die Lage ist ideal für Entdeckungsspaziergänge durch das alte Macau. *Rua da Madeira 1 | 新埗頭街 1 | Tel. 28 92 24 33 | www.eastasiahotelmacau.com | €*

GRAND COLOANE BEACH RESORT
(豪華家庭度假酒店) 🌿
(151 D5) (*d11*)
Das Resort wurde von Macaus Umweltbehörde als „Grünes Hotel" ausgezeichnet. Zu bieten hat es 208 Zimmer mit Meer- oder Strandblick und Terrasse, dazu einen subtropischen Garten. *Coloane | Estrada de Hac Sa 1918 | 黑沙马路 1918 | Tel. 28 87 11 11 | www.grandcoloane.com | €€*

MANDARIN ORIENTAL
(文華東方酒店) 🌿 (149 D5) (*d5*)
Kein Las-Vegas-Bombast – hier herrscht wohltuend dezente Eleganz. Aus allen 213 Zimmern – und sogar aus vielen Badezimmern – blickt man aufs Wasser. *Av. Dr. Sun Yat Sen | 孫逸仙達馬路 | Tel. 88 05 88 88 | www.mandarinoriental.com | €€€*

INSIDER TIPP ▶ POUSADA DE MONG-HÁ
(望廈宾馆) (149 D2) (*d2*)
Das romantische Hotel der Tourismusschule ist das meistgelobte der Stadt: Es ist in macanesischem Stil liebevoll eingerichtet, auf gleichem Niveau bewegen sich Service und Gastronomie. Für den etwas ungünstigen Standort entschädigt die ruhige Lage auf einem grünen Hügel. 20 Zimmer. *Colina de Mong Há | 望廈山 | Tel. 28 515222 | www.ift.edu.mo/pousada | €*

RIVIERA HOTEL (濠璟酒店)
(148 B5) (*b5*)
Ein Haus mit 160 Zimmern in Spazierwegentfernung von der Altstadt, ruhig, preiswert, mit Seeblick. *Rua Comendador Kou Ho Neng 7–13 | 高可寧紳士街 7–13 | Tel. 28 33 99 55 | www.macauctshotel.com | €€*

WYNN (永利澳門酒店)
(149 C–D5) (*c–d5*)
Zentrales Las-Vegas-Hotel mit gigantischen 1009 Zimmern. Besonders die Suiten sind der überbordende Luxus. Großes Kasino, großer Spa-Bereich und im INSIDER TIPP ▶ Chinarestaurant sehr feine Dimsum. *Rua Cidade de Sintra | 仙德麗街 | Tel. 28 88 99 66 | www.wynnmacau.com | €€€*

MIT KINDERN UNTERWEGS

Hongkong zählt wohl kaum zur ersten Riege der Reiseziele, die man mit Kindern aufsuchen möchte – aber siehe da: Es ist für den Nachwuchs spannender, als man zunächst vermuten würde! Das geht schon los mit den Parks: So schön wie lehrreich sind das Aviarium im Hong Kong Park, der Vogelteich im Kowloon Park und der Zoo. Dort ist überall der Eintritt frei. Am Nordende des Kowloon Parks befindet sich auch ein großes Freibad.

Das Science Museum ist vor allem bei Regenwetter erste Wahl – wie die vielen jugendlichen Besucher beweisen –, doch auch das Museum of History ist dank seiner ausgefeilten Ausstellungstechnik für Kinder im Schulalter interessant *(Eintritt für Schüler und Studenten: Science Museum und Museum of History frei | Ausweis erforderlich).*

Die Liste der Attraktionen für Kids wäre natürlich nicht vollständig ohne einen Hinweis auf den Ocean Park. Der Bereich hinter dem Eingang trägt zwar offiziell nicht mehr den Namen *Kid's World*, aber die wichtigsten Ziele für Kinder sind immer noch dort zu finden – und bieten Unterhaltsames wie Lehrreiches in schöner Vielfalt *(Eintritt für Kinder von 3 bis 11 Jahren 193 $).*

AFFENKOLONIE AM SHEK-LEI-PUI-RESERVOIR (石梨貝水庫) (143 D3) (*M 0*)

Rhesusmakaken, wie sie am Nordrand von Kowloon leben, waren in Hongkong mal heimisch – und wurden bis Mitte des 20. Jhs. ausgerottet. Womöglich stammt die ganze Herde, die sich da zwischen Bushaltestelle und Stausee tummelt, von freigelassenen oder entsprungenen Exemplaren ab. Gleich hinter dem Schild „No swimming" hat die drollige Bande ihre Badeanstalt eingerichtet. Nehmen Sie das Fütterungsverbot ernst: Die Tiere können aggressiv werden. Der kleine Ausflug, ein Bustrip mit kurzem Spaziergang, dauert rund zwei Stunden. *Bus 81 ab MTR Yau Ma Tei/Ausgang A1 bis Shek Lei Pui Reservoir*

CITYPLAZA ICE PALACE (太古城中心冰上皇宮) (U D3) (*M 0*)

Eislaufen in Hongkong? Ja, das ist kein Scherz! Zum größten Einkaufszentrum der Stadt, dem Cityplaza, gehört nämlich eine Eisbahn. Schlittschuhe kann man dort leihen. *Di, Mi, Fr 9.30–22, Mo, Do 9.30–21.30, Sa 12.30–22, So 12.30–17 Uhr (wechselnde Ausnahmen) | Eintritt ab 55 $ | www.icepalace.com.hk | MTR Tai Koo, Ausgang E1*

Der Hochhausdschungel bietet Kindern mehr, als man zunächst meinen mag – und manches ist sogar gratis

DISNEYLAND (迪士尼樂園)
(142 C4) *(0)*

Das erste asiatische Disneyland außerhalb Japans gliedert sich in vier Bereiche: *Main Street USA* führt die Besucher zurück in die Zeit um 1900 mit Straßentheater und viel Musik, im *Adventureland* reist man per Dschungelfloß zu Tarzans Baumhaus und erlebt das Festival des Löwenkönigs, im *Fantasyland* begleitet Micky Maus durch zeitlos Märchenhaftes samt Karussells und Cinderella-Schloss, und in *Tomorrowland* begegnen Kindern und Erwachsenen die Wunder einer so friedvollen wie spannenden Zukunft; dazu kommen der geheimnisvolle *Mystik Point* und der aufregende *Grizzly Gulch* mit einer teils unterirdischen Achterbahn. *Tgl. 10.30–20.30 Uhr, in den Sommerferien auch 10–20.30 Uhr | Eintritt 539 $, Kinder (3–11 Jahre) 385 $, Senioren (ab 65 Jahre) 100 $ | begrenzte Kartenkontingente, Vorausbuchung Tel. 183 08 30 oder www.hongkongdisneyland.com | MTR Disneyland Resort*

SNOOPY'S WORLD
(史諾比開心世界) (143 D3) *(0)*

Charlie Brown ist hier, Schroeder, Linus mit der Schmusedecke, Lucy, Piepmatz Woodstock und Charlies philosophischer Beagle, dazu alle weiteren Figuren der Comicserie, insgesamt über 60 – zwei- und dreidimensional und zum Anfassen. *Tgl. 10–20 Uhr | Eintritt frei | Sha Tin New Town Plaza | 新城市廣場 | Phase One, Level 3 | Bahnhof Sha Tin, Ausgang A*

MIT KINDERN IN MACAU

Während die Kleinen das interaktive Angebot für sie im *Science Center* (149 E5) *(e5)* (Fr–Mi 10–18 Uhr, Einlass bis 17.30 Uhr | Eintritt 25 Ptcs, 2–11 Jahre 15 Ptcs | gegenüber vom Kulturzentrum) ausprobieren, machen die Großen im Café mit Meerblick Pause. Mehrere Kasinopaläste in Cotai bieten gegen einen geringen Betrag auch Kinderbetreuung an, z. B. den *Kid's Club* im *Galaxy Macau* (150 C2) *(b8)* oder *Qube Kingdom* im *The Parisian* (150 D3) *(c9)*.

EVENTS, FESTE & MEHR

→ S. 2/3

CHINESISCHE FESTE

Die römischen Zahlen bedeuten Mondmonate.

1. I. CHINESISCHES NEUJAHRSFEST

Ein so wichtiges Familienfest wie für uns Weihnachten. Fast alle Läden und Restaurants schließen für zwei Tage oder länger. Toll ist die Festdekoration von Kaufhäusern und Banken und vorm Fest der Blumenmarkt im Victoria Park. Am zweiten Tag gibt's eine Neujahrsparade, am Abend ein Feuerwerk überm Hafen. Private Knallerei ist verboten. Die Festsaison endet am 15. Tag mit dem Laternenfest zur Feier des ersten Vollmonds.

CHING-MING-FEST

Totengedenkfest: Die Familien fegen die Gräber der Ahnen und bringen ihnen auf dem Friedhof Essen und Getränke als Opfergaben.

23. III. GEBURTSTAG DER TIN HAU

(8. Mai 2018, 27. April 2019) Am INSIDER TIPP Geburtstag der Tin Hau kommen geschmückte Schiffe zum Tin-Hau-Tempel am Südende der Clear-Water-Bay-Halbinsel. Dort bringen die Schiffer ihrer Schutzpatronin Dankopfer dar, erfreuen sie mit Löwentänzen und lassen ihre Bootsschreine neu weihen *(143 E4) (*📱* O)*. Sonderfähren ab North Point *(139 F1) (*📱* O)*

8. IV. GEBURTSTAG DES TAM KUNG SOWIE BUDDHAS GEBURTSTAG

(22. Mai 2018, 12. Mai 2019) Feiern für Tam Kung, den Herrn des Wetters, werden an seinem Haupttempel in Shau Kei Wan *(MTR Shau Kei Wan, Nordende der Main Street)* (U E3) *(*📱* O)* veranstaltet. In buddhistischen Tempeln wird derweil Buddhas Geburtstag gefeiert, indem man seine Figuren wäscht.

IV. MONAT: BUN-(SEMMEL-)FEST VON CHEUNG CHAU

Das INSIDER TIPP Bun-(Semmel-)Fest zu Ehren des Nordkaisers (Hauptgott der Insel) dauert drei Tage. Ein Orakel bestimmt das Datum. Vor dem Tempel wird jede Menge „Götterunterhaltung" geboten; spektakulär ist die Prozession, bei der bunt herausgeputzte Kinder, von verborgenen Gestellen gehalten, auf den Händen anderer Kinder zu schweben scheinen. An drei 20 m hohen Türmen sind Glück bringende rosa Semmeln angebracht, Priester verteilen sie am letzten Abend. *(142 B–C5) (*📱* O)*

Auf der Suche nach noch mehr Events? go.marcopolo.de/hon

5. V. DRACHENBOOTFEST (TUEN-NG-FEST)
Man isst in Blätter gewickelten Klebreis und veranstaltet prächtige Drachenbootrennen. Eine oder mehrere Wochen später internationale Rennen in Sha Tin.

15. VIII. MITTHERBSTFEST (MONDFEST)
(24. Sept. 2018, 13. Sept. 2019) Bunte Laternen leuchten, man betrachtet den Mond und verzehrt „Mondkuchen", ein gehaltvolles Gebäck. Toll sind die Tänze der aus glimmenden Weihrauchstäbchen bestehenden INSIDER TIPP Feuerdrachen, die sich an drei Abenden durch die Gassen bei der Wun Sha Street winden (139 E4) (∅ H12).

9. IX. DOPPELTER NEUNTER (CHUNG-YEUNG-FEST)
Man opfert an den Gräbern der Ahnen, macht Ausflüge in die Berge im Umland.

FESTIVALS & SPORT

FEBRUAR/MÄRZ
Arts Festival (www.hk.artsfestival.org): Abwechslungsreiches Programm mit Auftritten hochklassiger Künstler aus aller Welt. Musik, Ballett und Theater

NOVEMBER
Macau Grand Prix: ein klassisches Autorennen *(www.macau.grandprix.gov.mo)*

FEIERTAGE

1. Jan.	Neujahr
16. Feb. 2018, 5. Feb. 2019	Chinesisches Neujahrsfest (drei Tage)
4. oder 5. April	Ching-Ming-Fest
30. März–2. April 2018, 19.–22. April 2019	Karfreitag bis Ostermontag
18. Juni 2018, 7. Juni 2019	Drachenbootfest
1. Juli	Gründungstag der SVR Hongkong
3. Augustmontag	Befreiungstag
25. Sept. 2018, 14. Sept. 2019	Tag nach dem Mittherbstfest
17. Okt. 2018, 7. Okt. 2019	Doppelter Neunter
25./26. Dez.	Weihnachten

Fällt ein Feiertag auf einen Sonntag, ist der folgende Montag arbeitsfrei.

LINKS, BLOGS, APPS & CO.

LINKS & BLOGS

www.marcopolo.de/hongkong Ihr Online-Reiseführer mit allen wichtigen Informationen, Highlights und Tipps, interaktivem Routenplaner, spannenden News & Reportagen sowie inspirierenden Fotogalerien.

m.discoverhongkong.com An 7000 Hotspots des Diensteanbieters PCCW erhält man gratis Zugang zu den Tourismusseiten des Hong Kong Tourism Board

www.hongkongextras.com Ein nicht kommerzieller englischer Reiseführer mit vielseitigen und ausführlichen Informationen zu Bauprojekten, Änderungen bei Verkehrsverbindungen, Fahrpreisen etc.

gohongkong.about.com Noch ein unabhängiger englischer Reiseführer, weniger detailliert, dafür stärker konzentriert auf Empfehlungen, zudem – großes Plus! – wird auch Macau berücksichtigt

www.openrice.com/english Hongkongs umfangreichster Online-Gourmetführer mit Gästekritiken, Fotos, Rezepten und Suchfunktion

short.travel/hon1 Nützliche Infos für alle, die in Hongkong studieren oder arbeiten wollen oder aus anderen Gründen einen längeren Aufenthalt planen

www.travelblog.org/Asia/Macau Übersicht zu aktuellen Macau-Blogs

www.hkdigit.net Fotoblog mit englischem Text, thematisch bunt und aus Hongkonger Perspektive gestaltet

hong-kong-blogs-review.com Übersicht über Hongkong-Blogs, vor allem von dortigen Expatriates

therealnewshk.wordpress.com Ein Politikblog. Das Besondere daran: Hier wird die chinesischsprachige Presse der Stadt ausgewertet, so erfährt man, was die große Mehrheit der Hongkonger selbst liest

short.travel/hon10 Hongkong-Forum für Hobbyfotografen – nützliche Tipps und tolle Aufnahmen

Egal, ob für Ihre Reisevorbereitung oder vor Ort: Diese Adressen bereichern Ihren Urlaub. Da manche sehr lang sind, führt Sie der short.travel-Code direkt auf die beschriebenen Websites. Falls bei der Eingabe der Codes eine Fehlermeldung erscheint, könnte das an Ihren Einstellungen zum anonymen Surfen liegen

short.travel/hon12 Dieses Forum richtet sich vor allem an Leute, die länger in Hongkong bleiben wollen. Die englischen Seiten sind etwas ergiebiger

short.travel/hon13 Das umfangreichste deutsche Forum zu Hongkong und Macau

foodcraverhk.tumblr.com Der Untertitel „A blog on Hong Kong delicacies" verrät, worum's geht. Autorin Nini nimmt die Leser mit zu kulinarischen Neuentdeckungen. Sehr informativ dank schöner Fotos und chinesischer Schriftzeichen

VIDEOS & MUSIK

short.travel/hon4 Reality Channel des Hong Kong Tourism Board mit Dutzenden von gut gemachten Kurzfilmen

short.travel/hon5 Vorwiegend Amateurvideos sind hier zu sehen. Spezielle Rubriken gibt's zu Hotels und Restaurants

short.travel/hon6 Eine kleine Auswahl von Macau-Videos – einschließlich Gondelfahrt im Kasinopalast *The Venetian*

short.travel/hon8 Kollektion Hongkonger Webcams in Form viertelstündlich erneuerter Fotos, mit Macau-Link

APPS

Discover Hong Kong mobile app series Eine ganze Kollektion von Hongkong-Apps, erstellt im Auftrag des Hong Kong Tourism Board

KMB Zweisprachige App von Kowloon Motor Bus für iPhone und Android

MTR Mobile Mit dieser App für iOS und Android können Sie sich das U- und S-Bahn-Netz anzeigen lassen, den passenden Ausgang finden und die Fahrten planen

Hong Kong eTransport Ein integriertes Infosystem über Verkehrsverbindungen von Punkt zu Punkt mit MTR, Bus, Straßenbahn und Fähren für iOS und Android

Learn Cantonese Ein Lernprogramm für einfache kantonesische Dialoge, sehr nützlich für alle, die auch mit dem Taxifahrer oder der Obstverkäuferin ein Wort wechseln wollen. Fürs Windows Phone

PRAKTISCHE HINWEISE

ANREISE NACH HONGKONG

✈ Aus Deutschland fliegt Lufthansa ab Frankfurt und München direkt nach Hongkong, ab Frankfurt auch Cathay Pacific; außerdem gibt es Direktflüge mit der Swiss ab Zürich und mit Austrian ab Wien. Über Dubai mit Emirates oder über Shanghai mit China Eastern kommt man schon für unter 700 Euro hin und zurück. Generell ist für einen Nonstop-Flug aus Europa mit 11 bis über 12 Stunden Flugzeit zu rechnen. Alle Flüge landen auf dem Flughafen *Chek Lap Kok*. Wer nicht zu einem dringenden Termin anreist, sollte für die Fahrt zur Innenstadt die INSIDER TIPP Flughafenbusse dem Airport Express vorziehen, denn sie fahren über drei Hochbrücken mit teils spektakulärer Aussicht.

Daneben erreicht man mit den Bussen viele Ziele ohne Umsteigen. Eine Übersicht des Transferangebots finden Sie unter: www.hongkongairport.com/leaflet/transport.pdf

Flughafenbahn (Airport Express): Bis zur Endstation im Central District (137 E2) (*ɯ C11*) kostet es 100 $, bis Kowloon 90 $ (Fahrzeit 23 bzw. 19 Minuten). Die Weiterfahrt per U-Bahn (Umsteigestationen Tsing Yi und Hong Kong) sowie mit speziellen Shuttlebussen, die von den Stationen Kowloon und Hong Kong aus auf mehreren Linien insgesamt an die 50 Hotels ansteuern, ist gratis.

Busse: Klimatisierte Busse verkehren auf über zwei Dutzend Linien direkt zu allen Stadtteilen und vielen Hotels, z. B. die A11 nach Causeway Bay und North Point (40 $, 70 Minuten) oder A21 zum Bahnhof Hung Hom (33 $, 65 Minuten). Das Fahrgeld müssen Sie abgezählt einwerfen. Größere Hotels setzen für ihre Gäste eigene Pendelbusse ein; Tickets sind am Schalter C15 im Terminal 2 erhältlich.

Taxi: Grüne Wagen fahren nur in die New Territories, blaue nur auf Lantau. Rechnen Sie mit einem Fahrpreis von 350 $ bis Central und Causeway Bay, mit 280 $ bis Tsim Sha Tsui (inkl. Brücken- und Tunnelgebühren).

GRÜN & FAIR REISEN

Auf Reisen können auch Sie viel bewirken. Behalten Sie nicht nur die CO_2-Bilanz für Hin- und Rückreise im Hinterkopf *(www.atmosfair.de; de.myclimate.org)* – etwa indem Sie Ihre Route umweltgerecht planen *(www.routerank.com)* – , sondern achten Sie auch Natur und Kultur im Reiseland *(www.gate-tourismus. de; www.ecotrans.de)*. Gerade als Tourist ist es wichtig, auf Aspekte wie Naturschutz *(www.nabu.de; www. wwf.de)*, regionale Produkte, wenig Autofahren, Wassersparen und vieles mehr zu achten. Wenn Sie mehr über ökologischen Tourismus erfahren wollen: europaweit *www.oete.de*; weltweit *www.germanwatch.org*

🚆 Durchgehende Züge aus China enden im Bahnhof Kowloon/Hung Hom (135 E4) (*ɯ F–G8*), wo die Pass- und Zollformalitäten erledigt werden. Von dort braucht ein Taxi nur fünf Minuten zu den Kowlooner Hotels und fünf bis 15 Minuten auf die Insel. Für die Fahrt zur Insel sind die Tunnelbusse, die am Bahnhof halten, viel billiger, jedoch oft überfüllt und mit viel Gepäck kaum benutzbar.

Von Anreise bis Zoll

Urlaub von Anfang bis Ende: die wichtigsten Adressen und Informationen für Ihre Reise nach Hongkong und Macau

Kreuzfahrtschiffe legen am Ocean Terminal (134 B6) (*M D9*) oder am neuen Kai-Tak-Terminal an, Fähren aus China am China Ferry Terminal (134 B5) (*M D8–9*). Von dessen Tiefgeschoss aus verkehren Taxis und Busse.

ANREISE NACH MACAU

Düsengetriebene Katamarane und Tragflächenboote der Reederei *Turbojet* (7 Uhr bis Mitternacht alle 15 Minuten | Fahrzeit 60 Minuten | pro Strecke 164 $ ab Hongkong, 153 Ptcs/$ ab Macau (Economy, inkl. Ausreisegebühr) | Auskunft Hongkong Tel. 28 59 33 33 | Macau Tel. 28 55 50 25 | www.turbojet.com.hk) verkehren rund um die Uhr vom Macau Ferry Terminal (136–137 C–D1) (*M B10*) aus zum Hauptfährhafen von Macau, dem Macau Maritime Ferry Terminal. An Wochenenden und nach Einbruch der Dunkelheit gelten höhere Tarife. Größeres Gepäck (ab 10 kg) kostet extra.
Von 7 bis 22.30 Uhr fährt Turbojet zu ähnlichen Preisen alle halbe Stunde ab China Ferry Terminal (134 B5) (*M D8–9*). Als dritte Alternative fährt *Cotai Water Jet* (www.cotaiwaterjet.com) zum Taipa Ferry Terminal unweit der Las-Vegas-Kasinos von Cotai, und zwar ab Macau Ferry Terminal von 7 bis 23.30 Uhr alle halbe Stunde, zurück auch um 24 und um 1 Uhr; die Preise sind die gleichen wie bei Turbojet.
Gebucht werden die Fähren an den Anlegern, in Reisebüros und einigen U-Bahn-Stationen sowie übers Internet. An Werktagen sind fast immer Plätze frei, an Wochenenden ist Vorausbuchung nötig. Der Aufpreis für die 1. Klasse lohnt nicht.
In Macau fahren die Busse 3, 3A und 10A ab Fährhafen (149 E3–4) (*M e3–4*) ins Zentrum und passieren diverse Hotels. Größere Hotels sowie die Kasinohotelkomplexe auf Cotai bieten kostenlose Pendelbusse. Eine ähnliche Anbindung besteht beim Flughafen. Taxis ab Fähranleger ins Zentrum kosten um 25 Ptcs.

WÄHRUNGSRECHNER

€	HKD	HKD	€
10	83	100	12
20	167	200	24
30	250	300	36
40	334	400	48
50	417	500	60
60	501	600	72
70	584	700	84
80	668	800	96
90	751	900	108

Nach Macau gibt es keine Direktflüge aus Europa, doch geht's per Fähre ab Flughafen Hongkong direkt nach Macau (ohne Einreise nach Hongkong). Angebote gibt es von *Turbojet* und von *Cotai Water Jet*. Ganz Eilige nehmen den *Hubschrauber* (tgl. 20 Flüge nur zwischen den zwei Hauptterminals, 10 bis 23 Uhr | Flugzeit 15 Minuten | 4300 $ pro Richtung | Hongkong Tel. 20 18 98 98 | Macau Tel. 28 72 72 88 | www.skyshuttlehk.com).

AUSKUNFT VOR DER REISE

HONG KONG TOURISM BOARD (HKTB)
Dreieichstr. 59 | 60594 Frankfurt am Main | Tel. 069 9 59 12 90 | www.discover hongkong.com/de

FREMDENVERKEHRSBÜRO MACAU
Schenkendorfstr. 1 | 65187 Wiesbaden | Tel. 0611 2 67 67 30 | de.macaotourism. gov.mo | englisch: www.macautourism. gov.mo

AUSKUNFT IN HONGKONG

HONG KONG TOURISM BOARD (HKTB)
– Besuchertel. 25 08 12 34 | tgl. 9–18 Uhr
Visitor Information:
– im Flughafen (nur für ankommende Passagiere) | tgl. 8–21 Uhr
– am Star-Ferry-Anleger | Kowloon | tgl. 8–20 Uhr (134 C6) (*m E9*)
– The Peak Piazza (zwischen dem Peak Tower und der Peak Galleria) | tgl. 11–20 Uhr (136 C5) (*m B13*)
– Lo Wu | 2/F, Arrival Hall (nur für aus Shenzhen Einreisende)

MACAU TOURIST INFORMATION BUREAU
– Shop 336–337, Shun Tak Centre | 200 Connaught Road | tgl. 9–13 und 14–18 Uhr | Tel. 28 57 22 87 | MTR Sheung Wan (136–137 C–D 1–2) (*m B10*)
– Hong Kong International Airport | Schalter A06, Ankunftsebene 5, Terminal 1 (0) (*m 0*)

ZIMMERVERMITTLUNG
Im Flughafen (nur für ankommende Passagiere)

AUSKUNFT IN MACAU

MACAU GOVERNMENT TOURIST OFFICE
– Besuchertel. 28 33 30 00
– Largo do Senado 9 | tgl. 9–18 Uhr | Tel. 83 97 11 20 (148 C4) (*m c4*)
– weitere Schalter (zum Teil mit Zimmervermittlung) u. a. im Macau-Fährterminal (149 E3–4) (*m e3–4*), im Taipa-Fährterminal (151 D1) (*m d7*) und im Flughafen (151 D1–2) (*m d7–8*)

BANKEN & GELDWECHSEL

Mehrere Wechselschalter im Flughafen auf Ankunftsebene 5 | tgl. 7–22.30 Uhr
Am einfachsten ist die Bargeldbeschaffung per Girokarte (mit Maestro-Symbol, nicht V-Pay!) an Automaten. Die Gebühr wird je nach den Konditionen Ihrer Bank bzw. Karte 0–5 Euro pro Buchung betragen. Wechseln Sie anderswo Bargeld oder lösen Sie Reiseschecks ein, so können die Gebühren erheblicher sein als die Kursunterschiede. Mit Kreditkarten zahlen können Sie in allen Hotels sowie in den meisten Restaurants.

DIPLOMATISCHE VERTRETUNGEN

DEUTSCHLAND (137 F3) (*m D12*)
21/F, United Centre | 95 Queensway | Central | Tel. 21 05 87 88 | www.hongkong. diplo.de | MTR Admiralty | Mo–Fr 8.30–11.30 Uhr, telefonisch Mo–Do bis 16 Uhr, Fr bis 13 Uhr

ÖSTERREICH (137 D2) (*m C11*)
2201 Chinachem Tower | 34–37 Connaught Road Central | Central | Tel. 25 22 80 86 | www.bmeia.gv.at/hongkong | MTR Central | Mo–Fr 9–12 Uhr, telefonisch bis 17 Uhr

SCHWEIZ (138 B4) (*m E12*)
6206–07 Central Plaza | 18 Harbour Road | Tel. 35 09 50 00 | www.eda.admin. ch/hongkong | MTR Wan Chai | Mo–Fr 9–12 Uhr

EINREISE

Ein Reisepass ist erforderlich. Man erhält ein Visum bei der Einreise (Deutsche, Ös-

PRAKTISCHE HINWEISE

terreicher und Schweizer: bis zu 90 Tage; bei "visitors" anstellen!). Für Bürger der Schengenstaaten ist der Aufenthalt in Macau bis zu 90 Tage visumfrei. Den Pass brauchen Sie auch für Fahrten zwischen Hongkong und Macau. Normalerweise geht die Abfertigung sehr schnell, allerdings müssen Sie noch ein kleines Formular ausfüllen. Sie sollten spätestens 15 Minuten vor Abfahrt der Fähre (bzw. Abflug des Helikopters) am Ausreiseschalter anstehen.

GESUNDHEIT

Für Hongkong sind keine Impfungen vorgeschrieben. Nicht abgekochtes Leitungswasser sollten Sie nicht in größeren Mengen trinken.
Krankenhäuser mit Notfallaufnahme rund um die Uhr sind das *Queen Mary Hospital* (U A4) (ⅲ O) *(102 Pokfulam Road | Hong Kong Island | Tel. 22 55 38 38)* und das *Queen Elizabeth Hospital* (135 D3) (ⅲ E–F7) *(30 Gascoigne Road | Kowloon | Tel. 35 06 88 88)*. Kostenloser Krankenwagen: *St. John Ambulance (Tel. 18 78 00 00)*. Die Konsulate benennen auch deutschsprachige Ärzte. Medikamente werden von Ärzten und Krankenhäusern ausgegeben. Arzneimittel gibt es auch bei einigen *Watson's*-Filialen, z. B. *Melbourne Plaza | 33 Queen's Road Central* (137 D3) (ⅲ C11) und *11 Cameron Road* (134 C5) (ⅲ E9).

INTERNETZUGANG

Alle besseren Hotels und Einkaufszentren stellen drahtlosen Internetzugang (WiFi bzw. WLAN) bereit, allerdings nicht immer gratis. Frei benutzbare Internetterminals stehen in der zweiten Etage der *China Hong Kong City (China Ferry Terminal)* (134 B5) (ⅲ D–E8). Dort und an zahlreichen anderen Orten kommt man auch per WLAN ins Internet – darunter gratis in den meisten Regierungsgebäuden, z. B. im Foyer der *City Hall* (137 E3) (ⅲ D11). In diesen öffentlichen WLAN-Netzen ist der Zugang zeitlich begrenzt und einzelne Adressen können gesperrt sein. Alle Regierungs-Hotspots findet man über *short.travel/hon14,* andere über *short.travel/hon15*.

WAS KOSTET WIE VIEL?

Bier, Wein	6 Euro *für ein Bier vom Fass oder ein Glas Wein*
Mittagessen	4,50 Euro *für eine chinesische Nudelsuppe*
Abendessen	20–28 Euro *in einem chinesischen Mittelklasserestaurant*
Peak Tram	4,50 Euro *für eine Fahrt auf den Peak und zurück*
Busfahrt	35 Cent *für eine Stadtfahrt in Macau*
Fähre	35 Euro *nach Macau und zurück tagsüber*

Beim Cappuccinotrinken durchs Netz surfen können Sie in den Filialen von *Pacific Coffee*, z. B. *Shop 4, The Center | 99 Queen's Road Central* (137 D2) (ⅲ C11) und *1/F Silvercord Shopping Arcade | 30 Canton Road* (134 C5) (ⅲ E9).

NOTRUF

Feuer, Krankenwagen, Überfall: Tel. 9 99 (ohne Münzen)
Polizei-Tel. für Touristen (auch für Taxi-Beschwerden): Tel. 25 27 71 77

ÖFFENTLICHE VERKEHRSMITTEL

IN HONGKONG

INSIDER TIPP ▶ *Octopus-Card:* So lautet das Zauberwort für bequemes Reisen in Hongkong. Sie kostet 100 $ – das ist das gespeicherte Guthaben – plus 50 $ Pfand, gilt in fast allen Verkehrsmitteln und ist schon ab Flughafen einsetzbar. Am Flughafen (oder in U-Bahn-Stationen) können Sie sie auch wieder zurückgeben und erhalten den Restbetrag plus Pfand bar ausbezahlt abzüglich einer kleinen Bearbeitungsgebühr. Beim Passieren einer Sperre (z. B. in einer MTR-Station) oder beim Einteigen in einen Bus legt man die Karte auf eine Sensorfläche, und mit einem Piepton wird das Fahrgeld abgezogen. Nachladen können Sie um 50 oder 100 $ an Automaten in den U-Bahn-Stationen oder in *Seven-Eleven*-Läden.

Der *Octopus*-Vorteil: Sie müssen beim Busfahren nicht ständig große Mengen Kleingeld parat haben und gehen in Bahnhöfen durch die Sperre, ohne einen neuen Fahrschein lösen zu müssen. Die MTR gewährt zudem einen Rabatt. Der echte Knaller für alle ab 65 ist der Senioren-*Octopus*: Damit kostet jede Fahrt nur 2 $ (40 Prozent Rabatt beim Airport-Express). Abzuraten ist vom teuren Airport Express Travel Pass, der nur für die MTR und nicht für die Busse gilt.

Mass Transit Railway, kurz: MTR, heißt Hongkongs U- und S-Bahn-Gesellschaft. Wenn in der Nähe einer Adresse eine Station liegt, wird diese im Band genannt. Der Einzelfahrschein aus Automaten kos-

WETTER IN HONGKONG

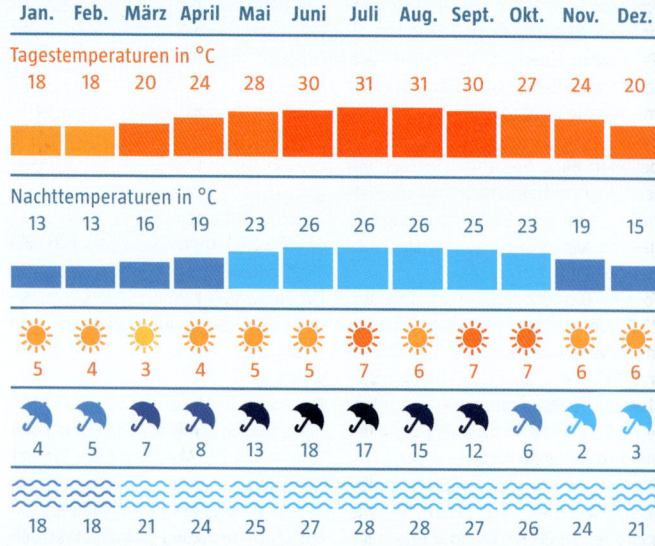

PRAKTISCHE HINWEISE

tet ab 4,50 $. Die zwei Grenzhaltestellen Lo Wu und Lok Ma Chau dürfen nur mit Reisedokumenten angefahren werden. www.mtr.com.hk

Busse: Es gibt verschiedene Gesellschaften. Die Linien durch die Hafentunnel sind an roten, dreistelligen Nummern zu erkennen. Das Fahrgeld (meist 4–10 $) ist beim Einsteigen abgezählt einzuwerfen. In den meisten Bussen zeigt ein Display den Namen der nächsten Haltestelle an.

Betriebsschluss ist gegen 24 Uhr, einige Busse fahren auch nachts. Minibusse mit grünem Streifen (Maxicabs) verkehren wie die großen Busse, solche mit einem roten Streifen halten dagegen wie ein Taxi bei Bedarf – ohne Kantonesischkenntnisse und Vertrautheit mit der Route landet man mit ihnen nie dort, wo man hinwill.

Straßenbahn: Sehr billig. Man zahlt beim Aussteigen (2,30 $, kein Wechselgeld). Stationen werden nicht ausgerufen.

Light Rail Transit: eine moderne Straßenbahn im Westen der New Territories.

Peak Tram: Lösen Sie gleich eine Rückfahrkarte, falls Sie nicht abwärts laufen möchten (einfache Fahrt 32 $, hin und zurück 45 $). Wer rechts sitzt, hat den besseren Blick. Verzichten Sie auf den teureren *Peak Tram Sky Pass,* der das Eintrittsgeld für eine Aussichtsterrasse enthält, die keinesfalls das optimale Panorama bietet.

Fähren: Die letzte Star Ferry legt um 23.30 Uhr ab. Die meisten Fähren zu den Inseln verkehren von den Piers in Central (137 D–E 1–2) (*M* C10–11). Am Wochenende gelten erhöhte Tarife. Die teureren Schnellfähren nach Cheung Chau und Lantau sind touristisch unattraktiv.

Auskunft: Fähren nach Lantau (Mui Wo) und Cheung Chau Tel. 21318181, Lamma Island Tel. 28156063, Tolo Harbour Tel. 22722022

IN MACAU

Über 50 Buslinien sorgen für gute Verbindungen. Mehrere Busse zu den Inseln halten am Hotel Lisboa (148 C5) (*M c5*), fast alle nach „Barra" (beim Museu Marítimo) (148 B5) (*M b5*) berühren das Zentrum. *Stadttour 3,20 Ptcs, nach Taipa 4,20 Ptcs, nach Coloane-Dorf 5 Ptcs, zum Strand Hac Sa 6,40 Ptcs*

ÖFFNUNGSZEITEN

In Tsim Sha Tsui und Causeway Bay öffnen die Läden meist von 11 bis 21, z. T. bis 22 Uhr, auch am Wochenende, in Central nur bis gegen ca. 19.30 Uhr. Fachgeschäfte bleiben sonntags vielfach geschlossen. Die Öffnungszeiten in Macau sind ähnlich. In den Einkaufspassagen der Kasinopaläste schließen die Läden spätestens um 23 Uhr.

POST

Das *General Post Office* (137 E2) (*M C11*) *(Mo–Sa 8–18, So 9–17 Uhr | MTR Central)* befindet sich nahe der Star Ferry.

PREISE & WÄHRUNG

Der Hongkong-Dollar, hier generell mit „$" abgekürzt, ist an den US-Dollar gekoppelt, mit einem Spielraum von 7,75 bis 7,85 : 1. Entsprechend schwankt sein Wert gegenüber anderen Währungen. Die Banknoten werden von drei verschiedenen Banken herausgegeben und sind zwar gleich groß, doch verschieden gestaltet.

Die Preise in Macau, in Patacas (Ptcs) berechnet, sind mit denen in Hongkong vergleichbar. In Macau können Sie mit Hongkong-Dollar zahlen; der Kurs zur Pataca liegt nahe bei 1 : 1. Achten Sie darauf, auch Hongkong-Dollar als Wechselgeld zu bekommen.

REISEZEIT & KLIMA

Ideal ist die Zeit ab Mitte Oktober bis Ende Dezember, wenn es fast ständig warm und trocken ist. Im Februar/März kann das Wetter nasskalt sein. Die Sommer sind schwülheiß und belastend für den Kreislauf. Taifunsaison ist von Juli bis Oktober. Bei Warnsignal 8 schließen Schulen, Büros und Geschäfte, der Fähr- und Flugverkehr wird eingestellt, später auch der Bus- und Bahnverkehr.

REKLAMATIONEN

Wurden Sie beim Einkaufen betrogen, kann das Consumer Council helfen: *Tel. 29 29 22 22 | consumer.org.hk*

RUNDFAHRTEN

Hafenrundfahrten mit der *Star Ferry (Büros an den Anlegern (Tsim Sha Tsui, Central, Wan Chai) | Dauer 1 Std., Abfahrten ab Tsim Sha Tsui 11.55–20.55 Uhr stdl., Schalter schließen 10 Minuten vor jeder Abfahrt | Tel. 2118 62 01 | www.starferry.com.hk/tour)* kosten ab 100 $. *Watertours* (134 C5) (*E8*) *(6/F Carnarvon Plaza | Carnarvon Road 20 | Tel. 29 26 38 68 | www.watertours.com.hk)* bietet längere Touren ab eineinhalb Stunden Dauer an.
Nostalgisch gleitet die Motorschunke ● *Aqua Luna (ab Tsim Sha Tsui Pier 2 Mo–Fr stdl. 12–16 Uhr zu 130 $, 17.30–22.30 Uhr zu 195 $ inkl. Freigetränk, Sa und So Tour nach Stanley 280 $ | Tel. 2116 88 21 | www.aqualuna.com.hk)* (Baujahr 2006) durchs Wasser – mit Segeln als Zierrat. Entspannter als auf den Diwanen auf dem Oberdeck lässt sich die Stadt kaum genießen. Hafenrundfahrt auch ab Central, Wan Chai, Hung Hom.
Big Bus (Ticketbüros im OG der Star-Ferry-Piers | Tel. 2167 89 95 | bigbustours.com) bietet drei „Hop-on-hop-off"-Touren an (Inselnorden, Kowloon und Aberdeen/Stanley), Frequenz: alle halbe Stunde mit diversen Stopps *(24-Stunden-Karte 450 $ | Audioguides auf Deutsch)*. Ähnliches bietet *Rickshaw Bus (Tel. 2136 88 88 | www.rickshawbus.com)* ab Central Pier 6 mit einer Insel-Kowloon-Rundtour *(Tageskarte 200 $, Teilstrecke 33 $, Erklärungen auf Englisch)*. Sinnvolle Touren in die New Territories veranstaltet *Gray Line Tours (Tel. 23 68 71 11 | www.grayline.com.hk)*.

STRÄNDE

42 Strände werden von der Stadt betreut und beaufsichtigt. Während der offiziellen Badesaison von April bis Oktober bieten sie u. a. gratis benutzbare Duschen, Umkleideräume, Toiletten und Badeinseln. Da es keine starken Strömungen und wenig Brandung gibt, können auch Kinder sicher baden. Die Strände sind auch außerhalb der Badesaison frei zugänglich.

STROM

In Hongkong und Macau hat das Stromnetz wie in Mitteleuropa 220 Volt/50 Hertz. Es gibt verschiedene Steckerformate. Wenn Hotels keine Multiformat-Steckdosen haben, verleihen sie meist Adapter (in Elektroläden auch billig zu kaufen).

TAXI

Alle Taxis sind registriert und fahren mit Taxameter (Fahrpreis-Minimum 22 $ innerstädtisch). Fahrten durch einen der Tunnel kosten die doppelte Tunnelgebühr, da der Fahrer wieder zurückkehren muss. Die grünen Taxis in den New Territories fahren nicht in die Stadt. Eine doppelte gelbe Linie am Straßenrand be-

PRAKTISCHE HINWEISE

deutet absolutes Halteverbot – auch für Taxis. Eine einfache gelbe Linie untersagt das Halten zu den Hauptverkehrszeiten. Die meisten Taxifahrer verstehen kein Englisch. Lassen Sie sich Ihr Ziel auf Chinesisch aufschreiben, sofern es in diesem Buch nicht verzeichnet ist. Nehmen Sie auch den chinesischen Namen Ihres Hotels mit. Entsprechendes gilt für Macau.

TELEFON & HANDY

Ihr Handy wählt sich automatisch in eins der Hongkonger Netze ein. Am besten besorgen Sie sich aber eine *Tourist SIM Card (88 $ für 5 Tage, 118 $ für 8 Tage inkl. Macau | erhältlich u. a. in den Läden von 7-Eleven und Circle K)*. Damit kommen Sie auch ins Internet. Enthalten sind diverse Rabatte bei Rundfahrten und Besichtigungen. Alle Details siehe *www.discoverhongkong.com*, dann „Reiseplanung – Unterwegs – Kommunikation". Innerhalb Hongkongs sind Anrufe im Festnetz gratis, am Münztelefon zahlt man 1 $. *Vorwahl nach Deutschland 00 49, nach Österreich 00 43, in die Schweiz 00 41. Vorwahl für Hongkong 00 85 20, für Macau 00 85 30*

THEATER- & KONZERTKASSEN

Kartenreservierung für fast alle Veranstaltungen bietet *Cityline (Tel. 2111 53 33 | www.cityline.com | tgl. 10–20 Uhr)*. Tickets für Events im Cultural Centre und in der City Hall erhalten Sie auch an den dortigen Vorverkaufs- und Abendkassen. Über die Spielpläne der städtischen Theater und Säle informiert *Urbtix (mit Onlineverkauf | Buchungsstel. 2111 59 99 | www.urbtix.hk)*. Karten für Veranstaltungen in Macau gibt's über *www.macauticket.com | Tel. in Macau 28 55 55 55 | Tel. in Hongkong 23 80 50 83*.

TRINKGELD

Restaurants und Bars schlagen meist zehn Prozent Trinkgeld auf. Wenn das nicht der Fall ist oder Sie guten Service extra honorieren möchten, lassen Sie vom Wechselgeld, das auf einem kleinen Tablett kommt, etwas zurückgehen. Bei Taxis ist es üblich, den Betrag aufzurunden.

VERANSTALTUNGSHINWEISE

Vorabinfos bietet *www.discoverhongkong.com* (Menü: „Erleben & Unternehmen"/"Veranstaltungen & Feste" mit interaktivem Kalender). Infos für Party- und Kneipengänger liefern *www.bcmagazine.net* und *www.hkclubbing.com*. Gedruckte Infos bringt die Tageszeitung *South China Morning Post*. Prospekte zu Kulturveranstaltungen gibt's im Cultural Centre und in der City Hall.

ZEIT

Der MEZ sieben Stunden, bei Sommerzeit sechs Stunden voraus.

ZOLL

Zollfrei eingeführt werden dürfen u. a. 1 l Spirituosen mit einem Alkoholgehalt über 30 Vol.-% und 19 Zigaretten. Bei Einreise nach Macau sind es u. a. 1 l Wein/Spirituosen mit einem Alkoholgehalt bis 30 Vol.-%, 1 l Spirituosen mit höherem Alkoholgehalt und 200 Zigaretten.
Bei der Rückkehr in die EU gelten dieselben Tabakfreigrenzen wie in Macau, ferner sind 1 l Spirituosen von über 22 Vol.-% oder 2 l mit weniger Alkoholgehalt zollfrei. Flugreisende dürfen zudem Einkäufe bis zu einem Gesamtwert von 430 Euro mitbringen. Weitere Informationen finden Sie unter *www.zoll.de*.

SPRACHFÜHRER

AUSSPRACHE

Die verwendete Lautschrift orientiert sich am Deutschen. Bitte außerdem beachten:
[ə] ist ein dumpfes [e] wie in „bitte"
[eei] ist ein langes, halb offenes [e], das in ein angedeutetes [i] ausläuft
[ng] wie in „bang" ist auch am Silbenanfang nur als *ein* Laut zu sprechen
[θ] ist das englische „th", eine Art [s] mit der Zungenspitze zwischen den Zähnen
Lange Vokale sind durch Verdoppelung kenntlich gemacht.

Alle Sätze, die Sie auf Kantonesisch bzw. Englisch benötigen, sind in der jeweiligen Sprache aufgeführt, z. B. für Einkaufen auf Kantonesisch, für Gespräche an der Hotelrezeption auf Englisch, für „Unterwegs" in beiden Sprachen.

AUF EINEN BLICK

Ja, richtig./Ja, einverstanden.	係./好.	[hai/hou]
Nein, falsch./Nein, nicht einverstanden.	唔係./唔好.	[m-hai/m-hou]
Vielleicht.	可能.	[hoo-nang]
Danke./Nichts zu danken!	多謝./唔駛唔該.	[doo-dsä/m-ssai m-goi]
Entschuldigen Sie!	對唔住!	[döi m dsü]
Darf ich ...?	可唔可以 ...?	[hoo m hoo-i]
Wie bitte?	你講乜嘢話?	[neei gong mat-jä waa]
Ich möchte .../Haben Sie ...?	我想要 .../有冇 ...	[ngo ssöng-ju/jau-mou]
Wo ist .../Wo finde ich ...?	... 係邊度?	[hai biindou]
Wie viel kostet ...?	幾多錢?	[geei-doo tsin]
Das gefällt mir (nicht).	唔錯呀!/唔係幾好.	[m tso-a/m hai geei hou]
gut/schlecht	好/唔好	[hou/m-hou]
kaputt/funktioniert nicht	壞咗/冇反應	[wai-dso/mou fanjing]
zu viel/viel/wenig	多得滯/好多/少少	[doodak-dsai/hou doo/sjusju]
alles/will nichts davon	全部/全部唔要	[tsünbou/tsünbou m-ju]
Hilfe!/Achtung!/Vorsicht!	救命!/睇住!/小心!	[gaumääng/taidsü/ssju-ssam]
Krankenwagen	白車	[bak chä], ambulance [ämbjulens]
Polizei/Feuerwehr	差人/消防員	[tsai-jann/sjufongjün], police/fire brigade [pelies/faie brigäid]
Verbot/verboten	唔俾	[m-beei], prohibited [prohibbetid]
Gefahr/gefährlich	危險	[ai-hiim], danger [däindscho]

Sprichst du Kantonesisch?

Dieser Sprachführer hilft Ihnen, die wichtigsten Wörter und Sätze auf Kantonesisch/Englisch zu sagen

BEGRÜSSUNG & ABSCHIED

Guten Morgen!/Tag!	早晨!/你好!	[dsou ssann/neei hou]
Gute(n) Abend!/Nacht!	早抖!	[dsou tau]
Hallo! (Anruf)	喂!	[wai]
Auf Wiedersehen!	Bye-bye!	[baibai]
Ich heiße ...	我叫 ...	[ngo giu]
Wie heißen Sie?	你貴姓?	[neei gwai ssing]
Ich bin ...	我係 ...	[ngo hai]
... Deutscher/... Schweizer	... 德國人 [Dakgok jann]/... 瑞士人 [Ssöissi jann]	
... Österreicher	... 奧地利人 [Oudeeileei jann]	

DATUMS- & ZEITANGABEN

Montag/Dienstag	星期一/星期二	[ssingkeei jat/ssingkeei ji]
Mittwoch/Donnerstag	星期三/星期四	[ssingkeei ssam/ssingkeei sseei]
Freitag/Samstag	星期五/星期六	[ssingkeei m/ssingkeei luk]
Sonntag/Werktag	星期天/工作日	[ssingkeei tiin/gung dsok tiin]
heute/morgen/gestern	今日/聽日/噚日	[gammjat/tingjat/tsammjat]
Stunde/Minute	鐘頭/分鐘	[dsungtau/fenn dsung]
Tag/Nacht/Woche	日抖/夜晚/星期	[jat tau/jä-maan/ssingkeei]
Monat/Jahr/Feiertag	月/年/假期	[jüt/niin/gah keh]
Wie viel Uhr ist es?	幾多點?	[geei doo diim]
drei Uhr/halb vier	三點 [ssam diim]/三點半 [ssam diim buun]	

UNTERWEGS

offen/geschlossen	開門/唔開門	[hooi muun/m hooi muun], open/closed [oupen/klousd]
Eingang/Einfahrt	入口	[jap hau], entrance [entrins]
Ausgang/Ausfahrt	出口	[tschut hau], exit [egsit]
Abfahrt/Abflug/Ankunft	開車/起飛/到達	[hooi chä/heei feei/doo daat], departure/arrival [dipaatsche/eraiwl]
Toiletten/Damen/Herren	洗手間/女/男	[ssai soou gan/nöi/naam], washrooms/ladies/gentlemen [woschruums/ledies/dschentlmin]
(kein) Trinkwasser	(非)飲用水	[(feei) jamm jung ssöi], (no) drinking water [(nou) drinking wohte]
links/rechts	左邊/右邊	[tso biin/jau biin]
geradeaus/zurück	直行/回去	[dsik haang/wui höi]
nah/weit	遠/近	[jüün/gan]
Bus/Bushaltestelle	巴士/巴士站	[ba-ssi/ba-ssi dsaam], bus/bus stop [bass/bass sstopp]

U-Bahn/Straßenbahn/Taxi	地鐵/電車/的士 [deei-tit/diin-tschä/dek-ssi], MTR/tram/taxi [emti-aar/trämm/tecksi]
Stadtplan/(Land-)Karte	地圖 [deei tou]
Bahnhof/Schiffsanleger	火車站/碼頭 [fo chä dsaam/maa tau], train station/pier [trehn sstehschn/pier]
Flughafen	機場 [geei-tschööng], airport [ährport]
Fahrplan/Fahrschein	時刻表/車飛 [ssi-hak biuu/chä feei], timetable/ticket [taimtebl/ticket]
einfach/hin und zurück	單程/來回 [daan tsäng/loi wui], single/return [ssingl/ritörn]

ESSEN & TRINKEN

Die Speisekarte, bitte.	餐牌唔該. [tsanpai m-goi]
Könnte ich bitte ... haben?	... 唔該 [m-goi]
Flasche/Dose/Glas	樽/罐/杯 [dsun/guun/bui]
Messer/Gabel	刀/叉 [dou/tsa]
Löffel/Essstäbchen	匙羹/筷子 [tsii gang/faaidsi]
Salz/Pfeffer/Zucker	鹽/胡椒粉/糖 [yiim/huu-jiu faan/tong]
Essig/Sojasauce	醋/豉油 [tsou/ssii jau]
Milch/Zitrone	牛奶/檸檬 [au naai/ningmöng]
Vegetarier(in)/Allergie	素食/敏感 [ssou ssek/man-gam]
Ich möchte zahlen, bitte.	唔該你埋單. [m-goi neei maai dan]
Rechnung/Quittung	帳單/收條 [dsöng dan/ssau tiu]
Trinkgeld	貼士 [tip ssi]

EINKAUFEN

Apotheke/Drogerie	藥房/Watson's [jök fong/wottsns]
Bäckerei/Markt	麵包鋪/街市 [min bau poo/gai ssii]
Einkaufszentrum/Kaufhaus/Supermarkt	購物中心/百貨公司/超級市場 [kau mat dsung ssam/bak foh gung ssi/tsiuu kap ssi chöng]
Fotoartikel/Zeitungsladen	影視鋪/報攤 [jiing ssi poo/bou taan]
100 Gramm/1 Kilo	一百克/一公斤 [jat-bak hak/jat gunggan]
teuer/billig/Preis	貴得滯/平/價錢 [gueh dak dsai/pääng/gatsiin]
mehr/weniger	多/少 [doh/ssiu]

ÜBERNACHTEN

Ich habe ein Zimmer reserviert.	I've reserved a room. [aif ri'söəvd ə ruhm]
Haben Sie noch ein ...?	Do you still have a ...? [du ju sstil häf ə]
Einzelzimmer	single room [ssingl ruhm]
Doppelzimmer	double room ['dabbəl ruhm]
Frühstück/Halbpension	breakfast ['brekfəst]/European plan [juro'piən plän]
Vollpension	American plan [ə'märikan plän], full board [ful boərd]

SPRACHFÜHRER

zum Meer/zum See	oceanfront [ouschnfrant]/lakefront [leykfrant]
Dusche/Bad	shower [schauə]/bath [bahθ]
Balkon/Terrasse	balcony ['bälkoni]/terrasse ['terəss]
Schlüssel/Zimmerkarte	key [kih]/room access card [ruhm 'äksess kard]
Gepäck/Koffer/Tasche	luggage ['lagitsch]/suitcase ['ssuhtkeys]/bag [bäg]

BANKEN & GELD

Bank/Geldautomat	銀行/柜員機 [ann hong/guai jüün geei], bank/ATM [benk/äiti-em]
Geheimzahl	密碼 [mat ma], PIN [pin]
Bargeld/Maestro-Karte/Kreditkarte	cash/debit card/credit card [käsch/debbitkaad/krädditkaad]
Banknote/Münze	bank note/coin [benknout/koin]
Kleingeld/Wechselgeld	small change/change [ssmol tschäindsch/tschäindsch]

GESUNDHEIT

Arzt/Zahnarzt/Kinderarzt	doctor ['doktə]/dentist ['dentist]/pediatrician [pedia'trischən]
Krankenhaus/Notfallpraxis	hospital ['hospitl]/emergency clinic [i'mertschənsi 'klinik]
Fieber/Schmerzen	fever [fihvə]/pain [peyn]
Durchfall/Übelkeit	diarrhea [daiə'ria]/sickness ['ssikness]
Sonnenbrand/-stich	sunburn ['ssanbörn]/sunstroke ['ssanstrouk]
Rezept	prescription [prəs'kripschən]
Schmerzmittel/Tablette	pain killer [peyn kilə]/pill [pill]

ZAHLEN

0	零 [ling]	15	十五 [ssap-m]
1	一 [jat]	16	十六 [ssap-luk]
2	二 [ji]	17	十七 [ssap-tsat]
zwei Exemplare	兩個 [lönggo]	18	十八 [ssap-baat]
3	三 [ssam]	19	十九 [ssap-gau]
4	四 [sseei]	20	二十 [ji-ssap]
5	五 [m]	70	七十 [tsat-ssap]
6	六 [luk]	80	八十 [baat-ssap]
7	七 [tsat]	90	九十 [gau-ssap]
8	八 [baat]	100	一百 [jat-bak]
9	九 [gau]	200	二百 [ji-bak]
10	十 [ssap]	1000	一千 [jat-tsin]
11	十一 [ssap-jat]	2000	兩千 [löng-tsin]
12	十二 [ssap-ji]	10 000	一萬 [jat-maan]
13	十三 [ssap-ssam]	1/2	一半 [jat buun]
14	十四 [ssap-sseei]	1/4	四分一 [sseei fan jat]

CITYATLAS

🟩 Verlauf der Erlebnistour „Perfekt im Überblick"
🟦 Verlauf der Erlebnistouren

Der Gesamtverlauf aller Touren ist auch in
der herausnehmbaren Faltkarte eingetragen

Bild: Uferpromenade von Kowloon mit Blick auf Hong Kong Island

Unterwegs in Hongkong

Die Seiteneinteilung für den Cityatlas finden Sie auf dem hinteren Umschlag dieses Reiseführers

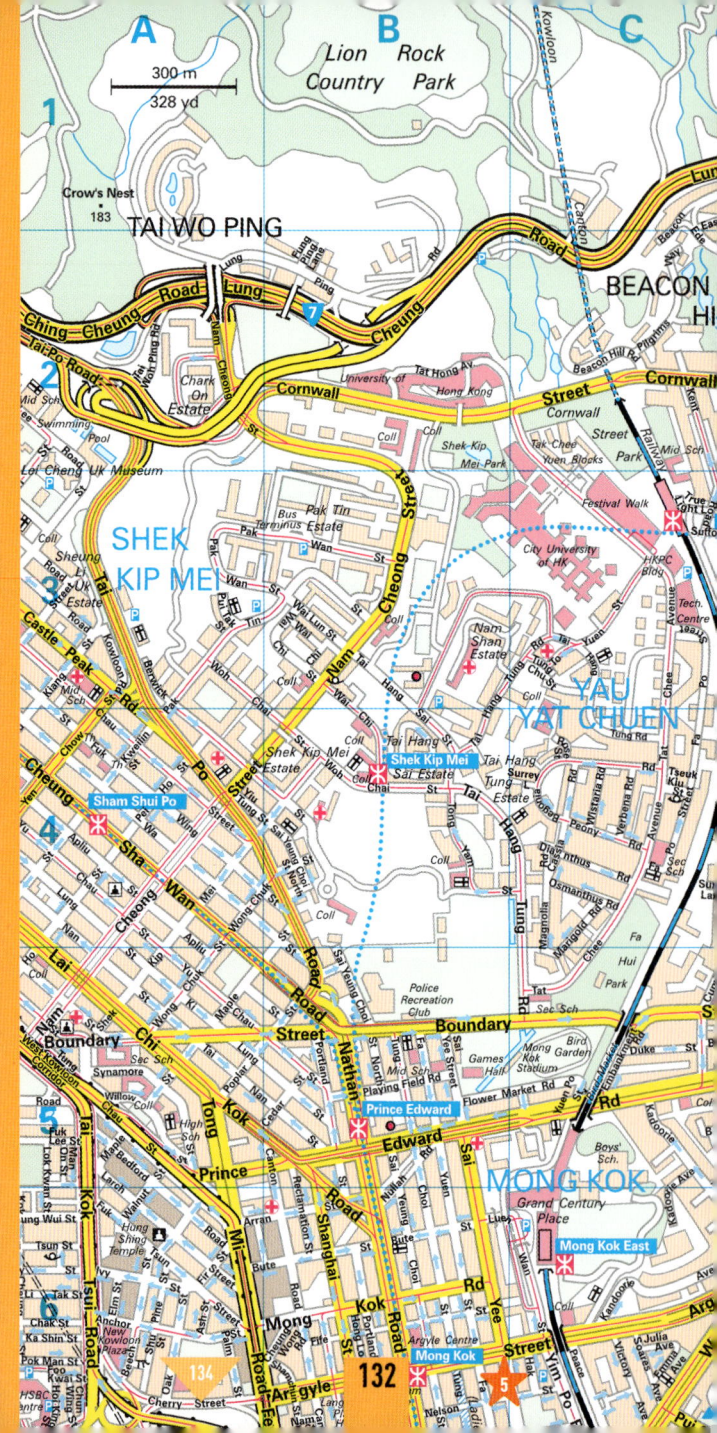

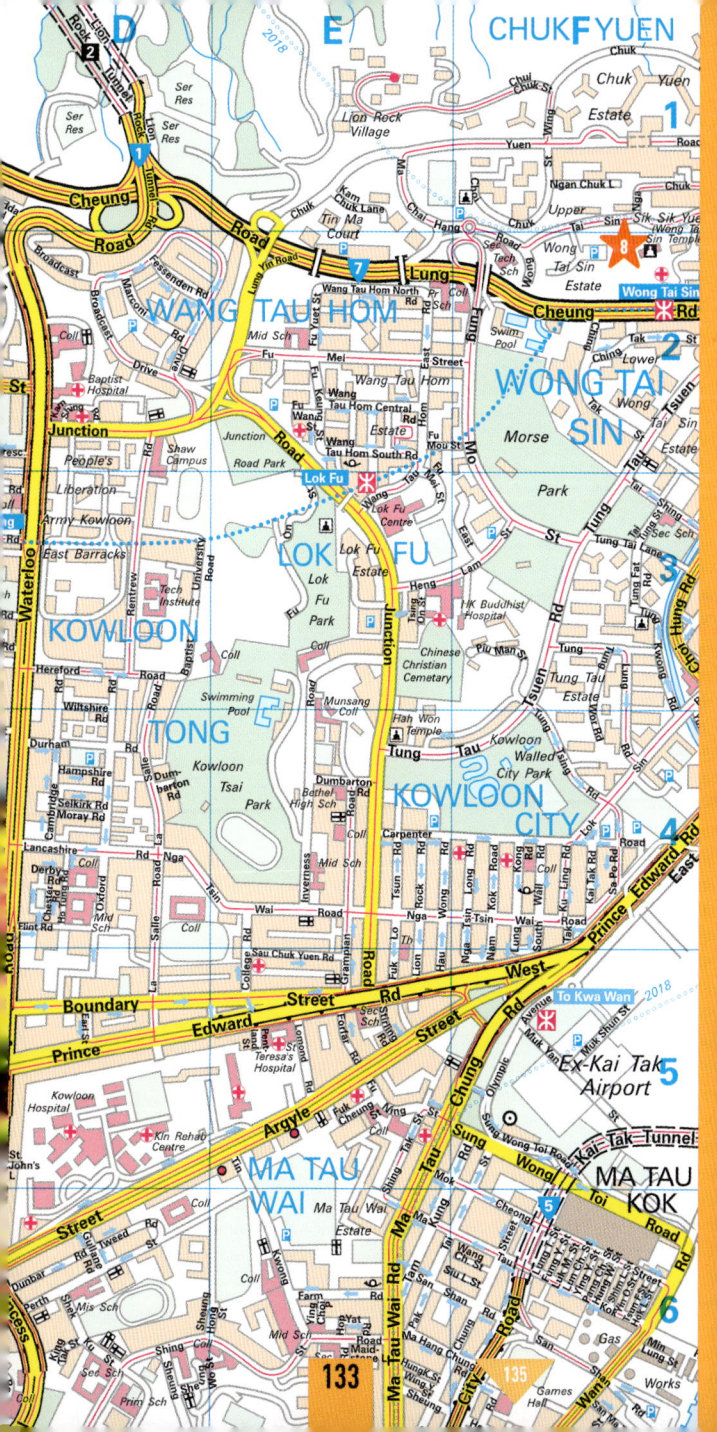

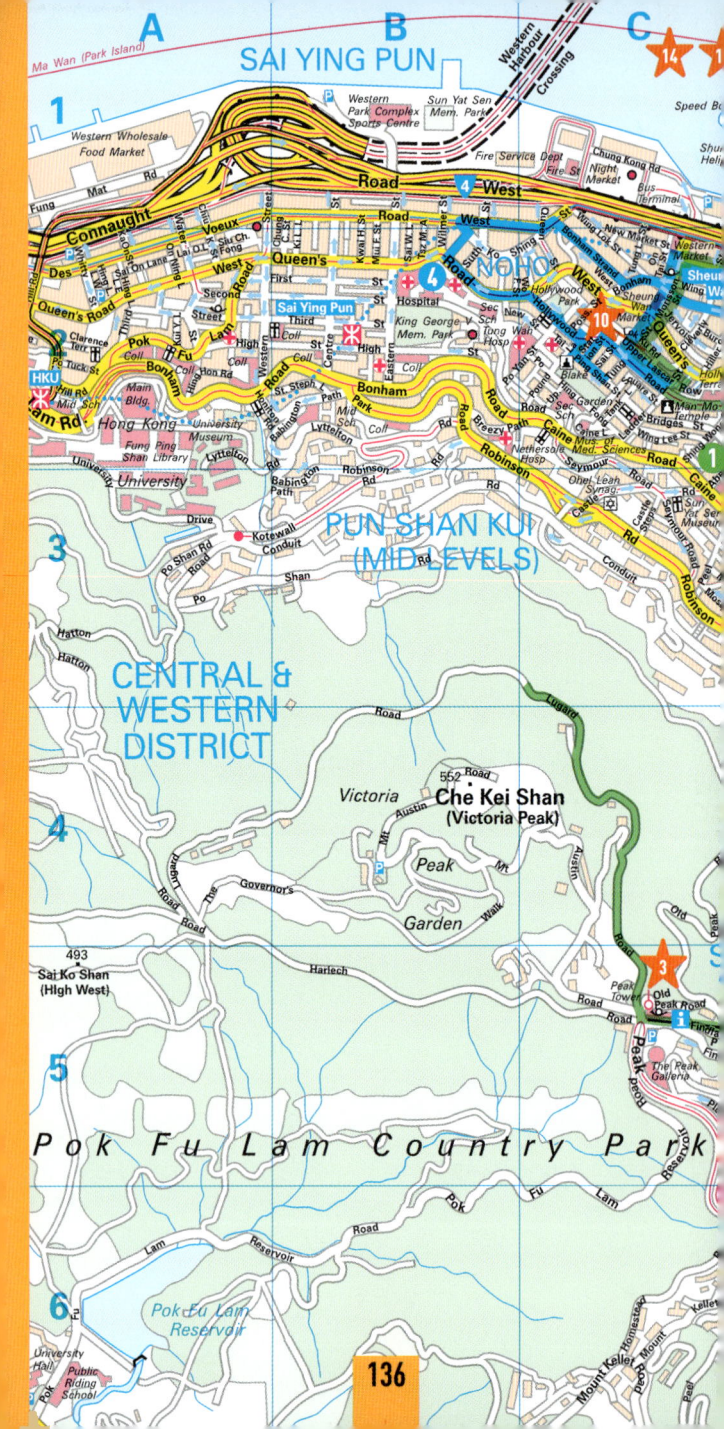

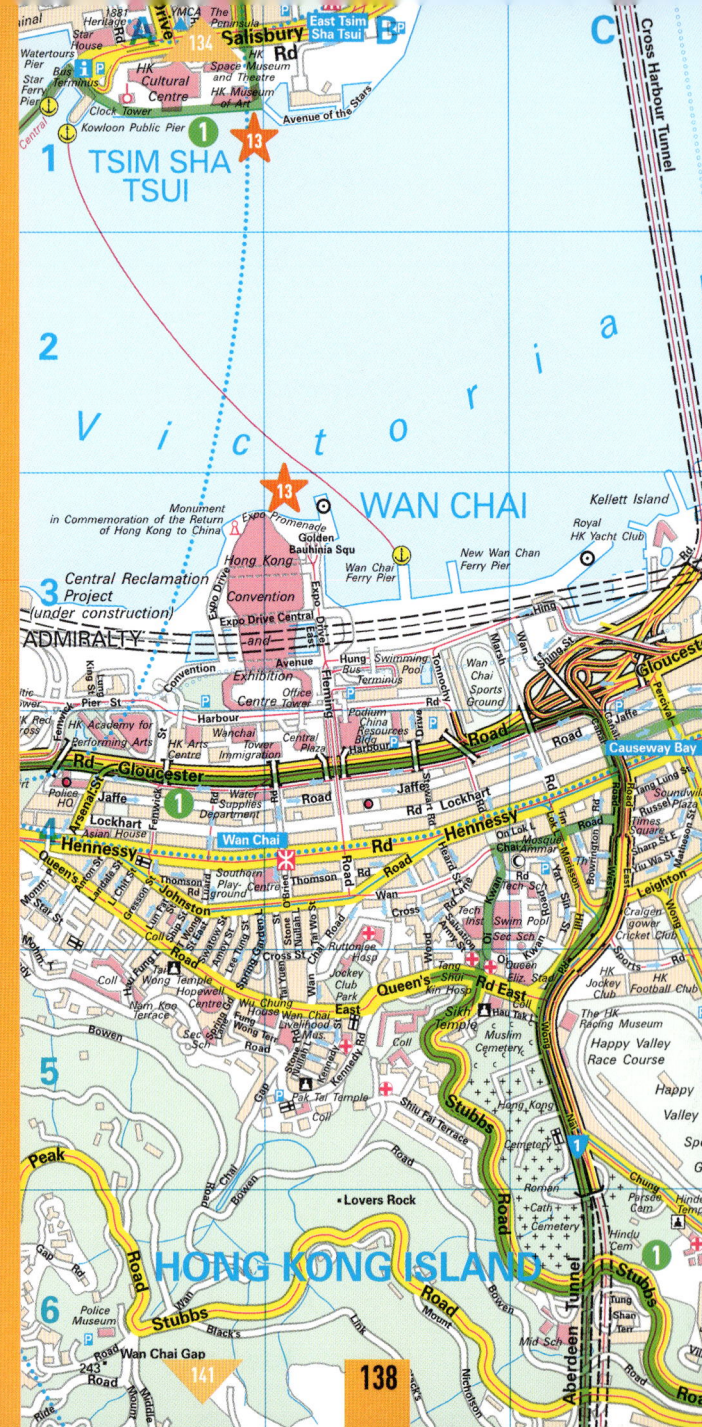

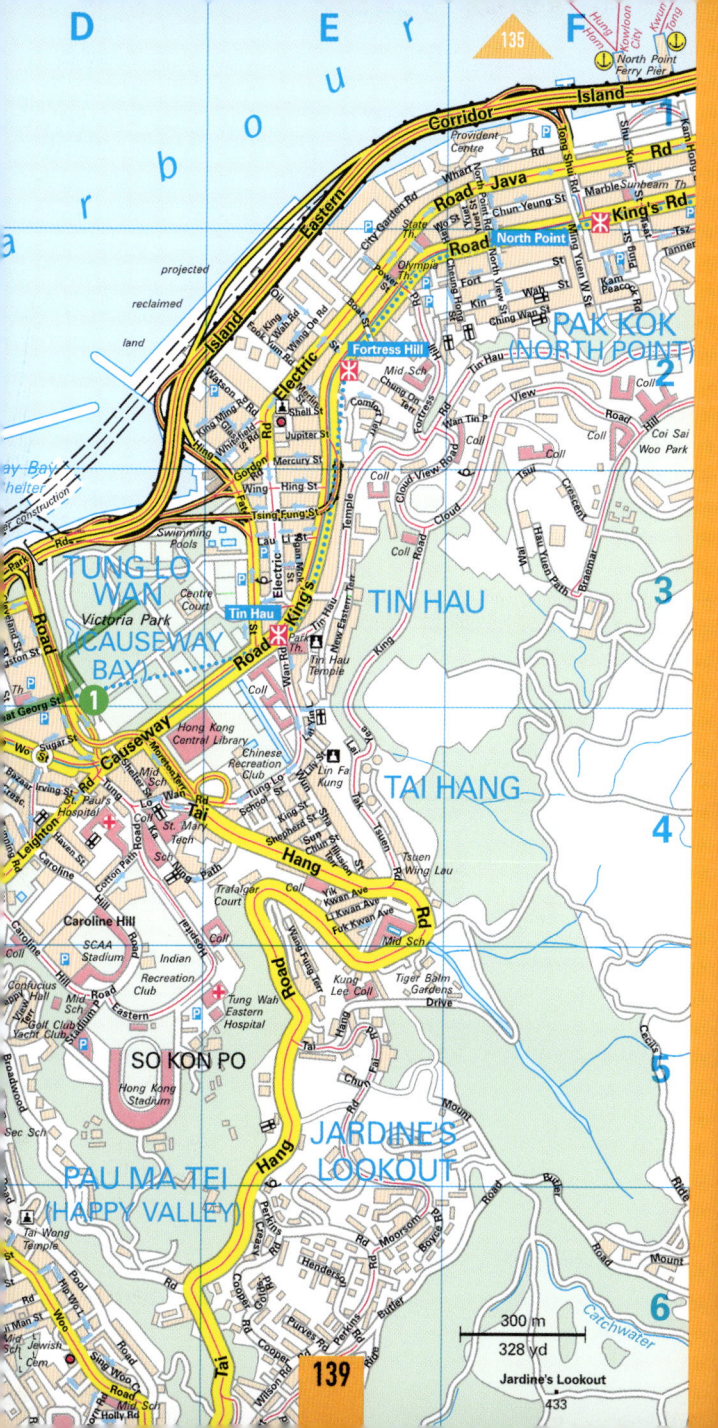

Das Register enthält eine Auswahl der im Cityatlas dargestellten Straßen und Plätze

A
Aberdeen Marina Club **140/C4**
Aberdeen Praya Road **140/A3**
Aberdeen Reservoir Road **140/B3**
Aberdeen Street **137/D2**
Aberdeen Tunnel **141/F1**
Albany Road **137/D3**
Alnwick Road **133/D2**
Amoy Street **138/A5**
Anchor Street **132/A6-134/B1**
Anton Street **137/F4-138/A4**
Ap Lei Chau Bridge Road **140/B4**
Ap Lei Chau Drive **140/B4**
Ap Lei Chau Praya Road **140/B4**
Apliu Street **132/A4**
Arbuthnot Lane **137/D3**
Argyle Street **132/B6-134/C1-135/D1**
Arran Street **132/B6**
Arsenal Street **137/F3-138/A4**
Arthur Street **134/C2**
Ashley Road **134/C5**
Austin Avenue **135/D4**
Austin Road **134/C4**
Austin Road West **134/B4-A4**

B
Babington Path **136/A3-B2**
Bailey Street **135/F2**
Baker Court **135/F2**
Baker Street **135/E3-F4**
Bank Street **137/E3**
Barker Road **137/E5**
Battery Street **134/C3**
Beacon Hill Road **132/C1-C2**
Bedford Road **132/A5**
Beech Street **132/A6**
Begonia Road **132/C4**
Belfran Road **132/C5**
Berwick Street **136/A3**
Black's Link **138/B6-A6**
Blue Pool Road **139/D6**
Bluff Path **137/D6**
Bonham Road **136/A2-B2**
Bonham Strand **136/C2**
Bonham Strand West **136/C2**
Borrett Road **137/E4**
Boundary Street **132/B5-133/D5**
Bowen Drive **137/F4**
Bowen Road **137/E4-138/A5-B5**
Bowring Street **134/C4**
Bowrington Road **138/C4**
Boyce Road **139/E6**
Braga Circuit **132/C5**
Breezy Path **136/B2**
Brewin Path **137/D4**
Bridges Street **136/C2**
Broadcast Drive **133/D2**
Broadwood Road **139/D5**
Bulkeley Street **135/E3**
Burd Street **136/C2**
Bute Street **132/A6-B6**

C
Caine Lane **136/C2**
Caine Road **136/C2-C3**
Cambridge Road **133/D3**
Cameron Road **135/D5**
Canal Road East **138/C4**
Canal Road West **138/C4**
Cannon Street **138/C3**
Canton Road **132/B5-134/B1-B4-C3-C5**
Carmel Village Street **135/E2**
Carnavon Road **134/C5**
Caroline Hill Road **135/F6**
Carpenter Road **133/E4**
Cassia Road **132/C4**
Castle Road **136/C3**
Castle Steps **136/C3**
Causeway Road **139/E3**
Cedar Street **132/B5**
Centre Street **136/B1**
Chancery Lane **137/D3**
Changsha Street **134/C2**
Chater Road **137/D3**
Chatham Path **137/D4**
Chatham Road **135/D4**
Chatham Road North **135/E3**
Cheng Tu Road **140/B3**
Cheong Hang Road **135/E4**
Cheong Lok Street **134/C3**
Cheong Wan Road **135/D4**
Cherry Street **134/A1-B1**
Chester Road **133/D4**
Cheung Hong Street **139/E2**
Cheung Ning Street **135/F1**
Cheung Wong Road **132/B6-134/B1**
Chi Kiang **135/F2**
Chi Kiang Street **135/F2**
Chi Man Street **135/D2**
Ching Ping Street **134/B2**
Ching Wah Street **133/D3**
Ching Wan Street **139/F2**
Chiu Kwong Street **136/A1**
Chiu Lung Street **137/D3**
Chi Wo Street **134/C3**
Chuk Hang Road **141/F3**
Chuk Kui Terrace **138/A5**
Chung Ching Street **136/B1**
Chung Hau Street **135/E2**
Chung Man Street **135/D2**
Chung On Terrace **139/E2**
Chung Yee Street **135/E2**
Chun Wing Street **132/A6-134/A1**
Chun Yeung Street **139/F1**
Chun Yi Lane **134/C2**
City Garden Road **139/E2**
Clarence Terrace **136/A2**
Cleveland Street **139/D3**
Cleverly Street **136/C2**
Cliff Road **134/C2**
Cloud View Road **139/E3-F2**
Club Street **137/E3**
Cochrane Street **137/D3**
College Road **133/E5**
Comfort Terrace **139/E2**
Conduit Road **136/B3-C3**
Connaught Road Central **136/C2**
Connaught Road West **136/B1**
Convention Avenue **138/B3**
Cooke Street **135/E3**
Coombe Road **137/F5**
Cooper Road **139/E6**
Cornwall Street **132/B2-C2**
Cotton Path **139/D4**
Cotton Tree Drive **137/E3**
Cox's Path **134/C4**
Cox's Road **134/C4**
Craigmin Road **137/E6**
Creasy Road **139/E6**

Cross Harbour Tunnel **135/E5-138/C1**
Cross Lane **138/B4**
Cross Street **138/A5**
Cumberland Road **132/C4-C5**

D
D'Aguilar Street **137/D3**
Derby Road **133/D4**
Des Voeux Road Central **137/D2**
Des Voeux Road West **136/B1**
Devon Road **132/C2**
Dianthus Road **132/C4**
Dock Street **135/F3**
Dorset Crescent **132/C2**
Drake Street **137/E3**
Duddell Street **137/D3**
Duke Street **132/C5**
Dumbarton Road **133/E4-D4**
Dunbar Road **133/D6**
Dundas Street **134/C2**
Durham Road **133/D4**
Dyer Avenue **135/F3**

E
Eastbourne Road **132/C1**
Eastern Hospital Road **139/D4**
Eastern Street **136/B1**
East Kowloon Corridor City Road **135/E3**
East Path Road **139/D3**
Ede Road **132/C1**
Edinburgh Place **137/E3**
Electric Road **139/E1-E2**
Elgin Street **136/C3**
Embankment Road **132/C5**
Emma Avenue **132/C6-135/D1**
Essex Crescent **132/C4**
Expo Drive **138/A3**

F
Fai Chun Road **139/E5**
Fa Po Street **132/C4**
Farm Road **133/E6**
Fat Kwong Street **135/D1-E2**
Fa Yuen Street **132/B5-B6-134/C1**
Fenwick Pier Street **137/F3-138/A4**
Fenwick Street **138/A4**
Ferry Street **134/B1-B3**
Fessenden Road **133/D2**
Fife Street **132/B6**
Findlay Path **136/C5**
Findlay Road **136/C5**
Fir Street **132/A6**
First Street **136/A2**
Fleming Road **138/B3**
Flint Road **133/D4**
Flower Market Road **132/B5**
Foo Kwai Street **132/A6-134/A1**
Fook Yum Road **139/F2**
Forfar Road **133/E5**
Fortress Hill Road **139/E2**
Fort Street **139/F2**
Fuk Cheung Street **133/E5**
Fu Keung Street **133/E2**
Fuk Kwan Avenue **139/E4**
Fuk Lo Tsun Road **133/E5**
Fuk Tsun Street **132/A6**
Fuk Wing Street **132/A4**
Fu Mei Street **133/E2**
Fu Mou Street **133/E2**

STRASSENREGISTER

Fung Fai Terrace **138/C6**
Fung Mo Street **133/F2**
Fung Wong Terrace **138/A5**
Fu Ning Street **133/E5**
Fu On Street **133/E3**
Fu Wan Street **133/E2**

G
Gage Street **137/D2**
Gap Magazine Road **137/F5-138/A6**
Garden Road **137/D4-E3**
Gascoigne Road **134/C3**
Gateway Boulevard **134/B5**
Gillies Avenue **135/F3-E3**
Glenealy **136/C3-137/D3**
Gloucester Road **138/C3-A4**
Good Shepherd Street **135/E1**
Gordon Road **139/E3**
Gough Hill Path **136/C6**
Gough Street **136/C2**
Graham Street **137/D2**
Grampian Road **133/E4**
Granville Road **135/D5**
Granville Square **135/D5**
Great Georg Street **139/D4**
Guildford Road **137/E6**
Gullane Road **133/D6**

H
Ha Heung Road **135/F2**
Haiphong Road **134/C5**
Hak Po Street **132/C6-134/C1**
Hamilton Street **134/C2**
Hampshire Road **133/D4**
Hankow Road **134/C5**
Hanoi Road **135/D5**
Happy View Terrace **139/D5**
Harbour Drive **138/B4**
Harbour Road **138/B3**
Harbour View Street **137/D2**
Harcourt Road **137/E3**
Hatton Road **136/A3**
Hau Chung Street **135/D2**
Hau Fock Street **134/C5**
Hau Fung Lane **138/A5**
Hau Man Street **135/D2**
Hau Wong Road **133/E5**
Hau Yuen Path **139/F3**
Haven Street **139/D4**
Heard Street **138/B4**
Henderson Road **139/E6**
Heng Lam Street **135/E1**
Hennessy Road **137/F3-138/A4-B4**
Hereford Road **133/D3**
Heung Yip Road **140/C3**
High Street **136/B2-A2**
Hiller Street **136/C2**
Hill Gough Road **137/D6**
Hill Road **136/A2**
Hillwood Road **135/D4**
Hing Fat Street **139/D2**
Hing Hon Road **136/A2**
Hing Lung Lane East **136/A2**
Hing Lung Lane West **136/A2**
Hoi Ping Road **139/D4**
Hoi Ting Road **134/B1-A2**
Hoi Wang Road **134/B1**
Hok Yuen East Street **135/F3**
Hok Yuen Street **135/E3**
Hok Yu Lane **133/D6-135/D1**
Hollywood Road **136/C2**
Ho Man Tin Hill Road **135/D2**

Ho Man Tin Street **135/D1**
Homestead Road **136/C6**
Hom Hung Bypass **135/F4**
Hom Hung Road **135/F3**
Hong Chong Road **135/E5-E3**
Hong Kong Trail Section 2 **140/A2**
Hong Kong Trail Section 3 **140/B2**
Hong Kong Trail Section 4 **141/E1**
Hong Lok Street **132/B6**
Honiton Road **133/E5**
Hornsey Road **136/C3**
Hospital Path **137/D5**
Hospital Road **136/B2**
Houston Street **139/D3**
Humphreys Avenue **134/C5**
Hung Choi Road **133/F3**
Hung Fook Street **135/F2**
Hung Hing Road **138/C3**
Hung Hom Road South **135/E4**
Hung Kwong Street **133/E6-135/F1**
Hung Lok Road **135/E4**
Hung Luen Road **135/F4**
Hysan Avenue **138/C4**

I
Ice House Street **137/D3-E3**
Inverness Road **133/E4**
Irving Street **139/D4**
Island Eastern Corridor **139/F1-E1**
Island Road **141/F3**
Ivy Street **132/A6**

J
Jackson Road **137/E3**
Jaffe Road **137/F3-138/A4-B4-C4**
Jardine's Crescent **139/D4**
Java Road **139/F1**
Jervois Street **136/C2**
Johnston Road **138/B4**
Jordan Path **134/C3**
Jordan Road **134/C3**
Jubilee Street **137/D2**
Julia Avenue **132/C6-135/D1**
Junction Road **133/E3-D2**
Jupiter Street **139/E2**
Justice Drive **137/F4**

K
Kadoorie Avenue **132/C5-C6**
Kai Ming Street **135/F2**
Kai Tak Road **133/F4**
Kai Tak Tunnel **133/F5**
Kam Chuk Lane **133/E1**
Kam Hong Street **139/F1**
Kam Lam Street **134/B1**
Kam Ping Street **139/F2**
Kandoorie Avenue **132/C6-135/D1**
Kansu Street **134/C3**
Ka On Street **136/A2**
Kau Pui Lung Road **133/E6-135/F1**
Kau U Fong **137/D2**
Kennedy Road **137/E4-F4-138/B5**
Kennedy Street **138/B5**
Kent Road **132/B2**
Kiang Kiu Street **132/A3**
Kiang Su Street **135/F1**
Ki Ling Lane **136/B2**
Ki Lung Street **132/A5**
Kimberley Path **135/D4**
Kimberley Street **134/C5**
King Kwong Street **138/C6**
King Ming Road **139/D2**

King Shung Street **135/F4**
King's Park Rise **135/D2**
King's Road **139/E3-F1**
Kingston Street **139/D3**
King Street **139/E4**
King Tak Street **133/D6-135/E1**
King Wah Road **139/F2**
Kin Wah Street **139/F2**
Knutsford Terrace **134/C4**
Kok Mong Road **132/B6**
Ko Shing Street **136/C1**
Kotewall Road **136/B3**
Kowloon Park Drive **134/C5**
Kwai Heung Street **136/B2**
Kweilin Street **132/A4**
Kwong Wa Street **134/C2**
Kwun Chung Street **134/C4**

L
Ladder Street **136/C2**
Lai Chi Kok Road **132/A5**
Lai On Lane **136/A2**
Lai Tak Tsuen Road **139/E4**
Lai Yin Lane **139/E4**
Lambeth Walk **137/E3**
Lancashire Road **133/D4**
Landale Street **137/F4-138/A4**
Lan Kwai Fong Street **137/D3**
Larch Street **132/A5**
La Salle Road **133/D4**
Lau Li Street **139/E3**
Lee Chi Road **140/A4**
Lee Garden Road **138/C4**
Lee King Street **140/A5**
Lee Kung Street **135/F3**
Lee Lok Street **140/B5**
Lee Nam Road **140/A4**
Lee Tung Street **138/A5**
Lee Yip Street **134/B2**
Leighton Lane **138/C4**
Leighton Road **139/D4**
Lei Tung Estate Road **140/B4**
Li Kwan Avenue **139/E4**
Lin Cheung Road **134/B3**
Lincoln Road **132/C5**
Lion Rock Road **133/E5**
Lion Rock Tunnel **133/D1**
Lloyd Path **137/E5**
Lockhart Road **138/B4**
Lock Road **134/C5**
Lok Ku Road **136/C2**
Lok Man Street **135/F2**
Lok Shan Road **135/F1**
Lok Sheung Street **135/E2**
Lok Sin Road **133/F4**
Lo Lung Hang Street **135/E3**
Lomond Road **133/E5**
Lo Wan Road **139/D4**
Lower Albert Road **137/D3**
Luen Wan Street **132/B6**
Lugard Road **136/B4**
Lung Cheung Road **132/C1-C2-133/E2**
Lung Kong Road **133/F5**
Lung Ping Road **132/B2**
Lung Wo Road **137/E2**
Lyndhurst Terrace **137/D3**
Lyttelton Road **136/A2-B2**

M
MacDonnell Road **137/D4**
Ma Chai Hang Road **133/E1**
Magazine Gap Road **137/E4-D4**

145

Magnolia Road **132/C4**
Ma Hang Chung Road **133/E6-135/F1**
Maidstone Lane **133/E6-135/F1**
Maidstone Road **133/E6-135/F1**
Man Cheong Street **134/B3**
Man Fuk Road **132/C6-135/D1**
Man Kwong Street **137/D2**
Man Ming Lane **134/C2**
Man Po Street **137/D2**
Mansfield Road **137/E6**
Man Shui Street **135/F4**
Man Sing Street **134/B3**
Man Wa Lane **137/D2**
Man Wan Road **132/C6-135/D1**
Man Yee Lane **137/D2**
Man Ying Street **134/B3**
Man Yuen Street **134/B3**
Man Yue Street **135/F3**
Maple Street **132/A5**
Marconi Road **133/D2**
Marigold Road **132/C4**
Marsh Road **138/B3**
Ma Tau Chung Road **133/E6**
Ma Tau Kok Road **133/E6**
Ma Tau Wai Road **133/E6-135/F1**
Matheson Street **138/C4**
Mau Lam Street **134/C3**
Ma Wai Tau Road **135/F2**
May Road **137/D4**
Mei King Street **135/F1**
Mercury Street **139/E2**
Merlin Street **139/E2**
Middle Gap Road **138/A6-141/D1**
Middle Road **134/C6**
Minden Row **134/C5**
Ming Yuen Western Street **139/F1**
Min Lung Street **133/F6**
Min Street **134/C4**
Mody Road **134/C5**
Mody Square **135/D5**
Mody Street **135/D5**
Mok Cheong Street **133/E5**
Monmouth Path **137/F4-138/A4**
Monmouth Terrace **137/F4-138/A4**
Moorsom Road **139/E5**
Moray Road **133/D4**
MoretonTerrace **139/D4**
Morison Hill Road **138/C4**
Morisson Street **134/C2**
Mosque Street **136/C3**
Mount Austin Road **136/B4**
Mount Butler Road **139/F6-E5**
Mount Cameron Road **138/A6**
Mount Nicholson Road **138/B6**
Mui Fong Street **136/B2**
Muk Yan Street **133/F5**
Murray Road **137/E3**

N
Nam Cheong Street **132/A5**
Nam Fung Road **141/F2**
Nam Kok Road **133/F5**
Nam Long Shan Road **141/D3**
Nam Ning Street **140/A3**
Nanking Street **134/C3**
Nelson Street **132/C6-134/B1-C1**
New Eastern Terrace **139/E3**
New Market Street **136/C2**
New Street **136/B2**
Nga Cheung Road **134/A4**
Ngan Chuk Lane **133/F1**

Ngan Hon Street **135/F2**
Ngan Mok Street **139/E3**
Nga Tsin Wai Road **133/E4-D4**
Ning Po Street **134/C3**
Norfolk Road **132/C3**
North Point Road **139/F1**
North View Street **139/F2**
Nullah Lane **138/B5**
Nullah Road **132/B6**

O
Oak Street **132/A6**
O'Brien Road **138/B4**
Observatory Road **134/C4-135/D5**
Ocean Park Road **141/D2**
Oi King Street **135/F4**
Oi Kwan Road **138/B4-C4**
Oil Street **139/E2**
Oi Sen Path **135/D3**
Old Bailey Street **137/D3**
Old Peak Road **136/C5**
Olympic Avenue **133/F5**
On Lok Lane **138/B4**
On Ning Lane **136/A2**
On Tai Street **136/A2**
Osmanthus Road **132/C4**
Oxford Road **133/D3**

P
Pacific Place **137/F4**
Pak Hoi Street **134/B3**
Pak Kung Street **135/F2**
Pak Sha Road **138/C4**
Pak Tin Street **132/B3**
Pak Wan Street **132/A3**
Parkes Street **134/C3**
Park Road **136/B2**
Paterson Street **139/D3**
Pau Chung Street **135/F1**
Peace Avenue **132/C6-134/C1**
Peacock Road **139/F2**
Peak Road **137/E6-F5-138/A5**
Pedder Street **137/D3**
Peel Street **136/C3-137/D2**
Peking Road **134/C5**
Peony Road **132/C4**
Percival Street **138/C3**
Perkins Road **139/E6**
Perth Street **133/D6**
Pier Road **137/D2**
Pilkem Street **134/C4**
Pitt Street **134/C2**
Plantation Road **137/D5**
Playing Field Road **132/B5**
Plunkett's Road **137/C5**
Po Hing Fong **136/C2**
Pok Fu Lam Reservoir Road **136/B6**
Pok Fu Lam Road **136/A2**
Pok Man Street **132/A6**
Police School Road **141/E3**
Pollock's Path **137/D5**
Po Loi Street **135/F4**
Poplar Street **132/B5**
Portland Street **132/B5-B6-134/C2**
Po Shan Road **136/A3-B3**
Po Shin Street **138/C6**
Possession Street **136/C2**
Pottinger Street **137/D2**
Po Tuck Street **136/A2**
Pound Lane **136/C2**
Power Street **139/E2**
Po Yan Street **136/B2**

Pratas Street **132/A3**
Prince Edward Road East **133/F4**
Prince Edward Road West **132/A5**
Princess Margaret Road **133/D6-135/D1-D2**
Public Square Street **134/C3**
Pui Ching Road **135/D1**
Pui Tak Street **132/A3**
Purves Road **139/E6**

Q
Queen's Road Central **136/C2**
Queen's Road East **137/F4-138/A4**
Queen's Road West **136/B2**
Queen Street **136/C1**
Queensway **137/E3-F3**
Queen Victoria Street **137/D2**

R
Reclamation Street **132/B5-134/B1-C2-C3**
Rentrew Road **133/D2**
Reservoir Aberdeen Road **140/C1**
Rhondda Road **133/D1**
Road Waterloo **133/D2**
Robinson Road **136/B2-C3-137/D4**
Rosmead Road **137/E6**
Rumsey Street **137/D2**
Russel Street **138/C4**
Rutland Quadrant **132/C3**

S
Saigon Street **134/B3**
Saint Stephen's Lane **136/B2**
Sai On Lane **136/A2**
Sai Street **136/C2**
Sai Woo Lane **136/B2**
Sai Yee Street **132/B5**
Sai Yeung Choi Street North **132/B5**
Sai Yeung Choi Street South **132/B5**
Salisbury Road **134/C6-135/D5-138/A1**
Salvation Army Street **138/B4**
San Lau Street **135/F2**
San Shan Road **133/E6-F6**
San Wai Street **135/F2**
Sa Po Road **133/F4**
Sau Chuk Yuen Road **133/E5**
School Road **139/E4**
Science Museum Path **135/D4**
Science Museum Road **135/D4**
Science Museum Square **135/D5**
Second Street **136/A2**
Selkirk Road **133/D4**
Severn Road **137/E5**
Seymour Road **136/C2-C3**
Shamchun Street **132/B6-134/B1**
Shanghai Street **132/B6-134/C1-C3**
Shan Ko Road **135/F2**
Shan Kwong Road **138/C6**
Shantung Street **134/B1-C1**
Shek Kip Mei **132/A5**
Shek Ku Street **133/D6**
Shek Lung Street **134/C4**
Shek Pai Wan Road **140/A3**
Shelley Street **137/D3**
Shell Street **139/E2**
Shelter Street **139/D4**
Shepherd Street **139/E4**
Sheung Foo Steet **135/E1**
Sheung Heung Road

STRASSENREGISTER

133/E6-135/F1
Sheung Hing Street **135/D1**
Sheung Hong Street **133/E6-135/E1**
Sheung Lok Street **133/D6-135/E1**
Sheung Shing Street **133/E6-135/E1**
Sheung Wo Street **133/E6-135/E1**
Shing Wong Street **136/C2**
Shiu Fai Terrace **138/B5**
Shouson Hill Road **141/F3**
Shu Kuk Street **139/F1**
Shum Wan Pier Drive **140/C3**
Shum Wan Road **140/C4**
Shun Yung Street **135/E3**
Sing Wing Lane **134/C3**
Sing Woo Crescent **139/D6**
Sing Woo Road **139/D6**
Siu Cheong Fong **136/A2**
Soares Avenue **132/C6-135/D1**
Somerset Road **132/C3**
South Wall Road **133/F5**
Soy Street **134/C1**
Sports Road **138/C5**
Spring Garden Lane **138/A5**
Square Street **136/C2**
Stadium Path **139/D5**
Stanley Street **137/D2**
Star Street **137/F4-138/A4**
Station Lane **135/E3**
Staunton Street **136/C2**
Stewart Road **138/B4**
Stirling Road **135/E5**
Stubbs Road **138/C6-B5-A6**
Suffolk Road **132/C3**
Sugar Street **139/D4**
Sun Chun Street **139/E4**
Sung Chi Street **135/F3**
Sung On Street **135/F2**
Sung Wong Toi Road **133/F5**
Sunning Road **139/D4**
Sun Wiu Road **139/D4**
Supreme Court Road **137/E4**
Surrey Lane **132/C4**
Sutherland Street **138/B1**
Swatow Street **138/A5**
Synamore Street **132/A5**

T

Tai Hang Drive **139/E5**
Tai Hang Road **139/E6-D4**
Tai Hang Sai Street **132/B3**
Tai Hang Tung Road **132/C3-B4**
Tai Kok Tsui Road **132/A5**
Tai Nan Street **132/A5**
Tai Pak Street **133/F5**
Tai Shing Street **133/F3**
Tai Wong Street East **138/A4**
Tai Yuen Street **138/B4**
Tak Fung Street **135/F4**
Tak Hing Street **134/C4**
Tak Ku Ling Road **133/F4**
Tak Man Street **135/F3**
Tak On Street **135/F4**
Tak Shing Street **133/E5-134/C4**
Tamar Street **137/F3**
Tam Kung Road **133/E6**
Tang Lung Street **138/C4**
Tank Lane **136/C2**
Tat Chee Avenue **132/C4**
Temple Street **134/C2-C4**
Theatre Lane **137/D3**

The Governor's Walk **136/A4**
Third Street **136/A2-B2**
Thistle Street **134/B1**
Thomson Road **138/A4-B4**
Tim Wa Avenue **137/F3**
Tin Kwong Road **133/E5**
Tin Hau Temple Road **139/E3**
Tin Wan Street **140/A2**
Tit Shu Street **132/A6-134/B1**
To Kwa Wan Road **135/F2**
Tong Bin Lane **141/D3**
Tong Mi Road **132/A5**
Tong Shui Road **139/F1**
Tong Yam Street **132/B4**
Tonkin Street **132/A2**
Tonnochy Road **138/B3**
Tregunter Path **136/C4**
True Light Lane **132/C4**
Tsing Chau Street **135/F3**
Tsing Fung Street **139/F3**
Tsui Man Street **139/D6**
Tsui Wai Crescent **139/F3**
Tsung Man Street **140/B2**
Tsz Mi Alley **136/B2**
Tung Choi Street **132/B5-B6-134/C1**
Tung Fat Road **133/F3**
Tung Ka Ning Path **139/D4**
Tung Kun Street **134/B2**
Tung Kwong Road **133/F3**
Tung Loi Street **136/C2**
Tung Lo Wan Road **139/E3**
Tung Lung Road **133/F3**
Tung Shan Terrace **138/C6**
Tung Sing Road **140/B3**
Tung Street **136/C2**
Tung Tai Lane **133/F3**
Tung Tau Tsuen Road **133/E4**
Tung Tsing Road **133/F4**
Tung Wor Road **133/F3**

U

University Drive **136/A2**
Upper Albert Road **137/E3**
Upper Lascar Row **136/C2**
Upper Station Street **136/C2**

V

Ventris Road **138/C5**
Verbena Road **132/C4**
Victoria Park Road **139/D3**
Victory Avenue **132/C6-135/D1**
Village Road **136/C6-139/D6**
Village Terrace **138/C6**

W

Wa Fung Street **135/E3**
Wai Ching Street **134/B3**
Wai Chi Street **132/B3**
Walnut Street **132/A5**
Wan Chai Road **138/B5-C4**
Wan Cheong Road **135/E4**
Wang Fung Terrace **139/E4**
Wang On Road **139/E2**
Wang Tau Hom Central Road **133/E2**
Wang Tau Hom East Road **133/E3**
Wang Tau Hom North Road **133/E2**
Wang Tau Hom South Road **133/E2**
Wan Shing Street **138/C3**
Warwick Road **132/C2**

Waterloo Road **132/C6-134/C2-135/D1**
Water Street **136/A1**
Watford Road **137/E6**
Watson Road **139/D2**
Welfare Road **140/C3**
Wellington Street **137/D2**
Western Harbour Crossing **136/B1**
Western Street **136/A1**
Whampoa Street **135/E4**
Whart Road **139/F1**
Whitfield Road **139/E2**
Whitty Street **136/A2**
Willow Street **132/A5**
Wilmer Street **136/B2**
Wiltshire Road **133/D4**
Wing Chuk Street **133/F1**
Wing Hing Street **139/E3**
Wing Kwong Street **135/F2**
Wing Lok Street **136/C1-C2**
Wing Wo Street **137/D2**
Winslow Street **135/E3**
Wistaria Road **132/C4**
Wo Chung Street **135/F3**
Wo Fung Street **136/B2**
Woh Chai Street **132/B4**
Wong Chuk Hang Path **141/E2**
Wong Chuk Hang Road **141/E2**
Wong Chuk Street **132/A4-A5**
Wong Nai Chung Road **138/C4-C5**
Wood Road **138/B4**
Woosung Street **134/C3**
Wuhu Street **135/E3**
Wui Man Road **134/B4**
Wun Sha Street **139/E4**
Wylie Path **135/D3**
Wylie Road **135/D2**
Wyndham Street **137/D3**

Y

Yan Fung Street **135/E3**
Yan Yang Street **135/F4**
Yat Hop Road **133/E6**
Yat Sin Street **138/C4**
Yau Moon Street **135/D1**
Yee King Road **139/E3**
Yee Wo Street **139/D4**
Yik Kwan Avenue **139/E4**
Yik Yam Street **138/C6**
Yim Po Fong Street **132/C6-134/C1**
Yi Nam Street **140/A4**
Yin Chong Street **134/C1**
Ying Choi Path **133/E6**
Yip Fat Street **141/D3**
Yip Hing Street **140/C3**
Yip Kan Street **141/D3**
Yiu Wa Street **138/C4**
York Road **132/C3**
Yu Chau Street **132/A5**
Yue Fai Road **140/B3**
Yue Kwong Road **140/B2**
Yuen Po Street **132/C5**
Yuk Choi Road **135/E4**
Yuk Sau Street **139/D6**
Yuk Yat Street **135/F2**
Yun Ping Road **138/C4**

Z

Zetland Street **137/D3**

KARTENLEGENDE

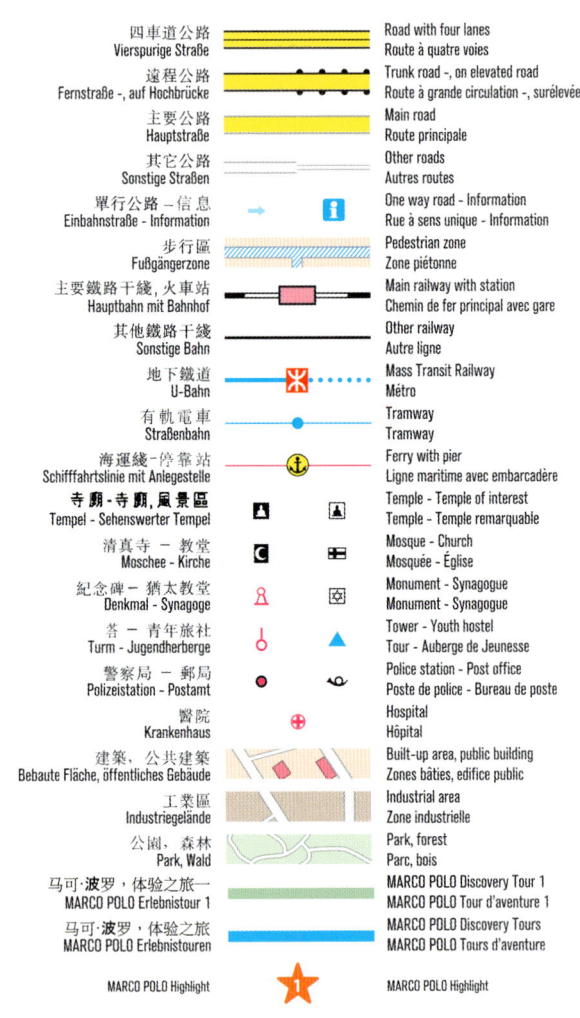

四車道公路	Vierspurige Straße	Road with four lanes	Route à quatre voies
遠程公路	Fernstraße -, auf Hochbrücke	Trunk road -, on elevated road	Route à grande circulation -, surélevée
主要公路	Hauptstraße	Main road	Route principale
其它公路	Sonstige Straßen	Other roads	Autres routes
單行公路 – 信息	Einbahnstraße - Information	One way road - Information	Rue à sens unique - Information
步行區	Fußgängerzone	Pedestrian zone	Zone piétonne
主要鐵路干綫,火車站	Hauptbahn mit Bahnhof	Main railway with station	Chemin de fer principal avec gare
其他鐵路干綫	Sonstige Bahn	Other railway	Autre ligne
地下鐵道	U-Bahn	Mass Transit Railway	Métro
有軌電車	Straßenbahn	Tramway	Tramway
海運綫-停靠站	Schifffahrtslinie mit Anlegestelle	Ferry with pier	Ligne maritime avec embarcadère
寺廟·寺廟,風景區	Tempel - Sehenswerter Tempel	Temple - Temple of interest	Temple - Temple remarquable
清真寺 – 教堂	Moschee - Kirche	Mosque - Church	Mosquée - Église
紀念碑 – 猶太教堂	Denkmal - Synagoge	Monument - Synagogue	Monument - Synagogue
塔 – 青年旅社	Turm - Jugendherberge	Tower - Youth hostel	Tour - Auberge de Jeunesse
警察局 – 郵局	Polizeistation - Postamt	Police station - Post office	Poste de police - Bureau de poste
醫院	Krankenhaus	Hospital	Hôpital
建築, 公共建築	Bebaute Fläche, öffentliches Gebäude	Built-up area, public building	Zones bâties, edifice public
工業區	Industriegelände	Industrial area	Zone industrielle
公园、森林	Park, Wald	Park, forest	Parc, bois
马可·波罗,体验之旅一	MARCO POLO Erlebnistour 1	MARCO POLO Discovery Tour 1	MARCO POLO Tour d'aventure 1
马可·波罗,体验之旅	MARCO POLO Erlebnistouren	MARCO POLO Discovery Tours	MARCO POLO Tours d'aventure
	MARCO POLO Highlight	MARCO POLO Highlight	MARCO POLO Highlight

FÜR IHRE NÄCHSTE REISE ...

ALLE **MARCO POLO** REISEFÜHRER

DEUTSCHLAND
Allgäu
Bayerischer Wald
Berlin
Bodensee
Chiemgau/
Berchtesgadener
Land
Dresden/
Sächsische Schweiz
Düsseldorf
Eifel
Erzgebirge/
Vogtland
Föhr & Amrum
Franken
Frankfurt
Hamburg
Harz
Heidelberg
Köln
Lausitz/Spreewald/
Zittauer Gebirge
Leipzig
Lüneburger Heide/
Wendland
Mecklenburgische
Seenplatte
Mosel
München
Nordseeküste
Schleswig-Holstein
Oberbayern
Ostfriesische Inseln
Ostfriesland/Nord-
seeküste Nieder-
sachsen/Helgoland
Ostseeküste
Mecklenburg-
Vorpommern
Ostseeküste
Schleswig-Holstein
Pfalz
Potsdam
Rheingau/
Wiesbaden
Rügen/Hiddensee/
Stralsund
Ruhrgebiet
Schwarzwald
Stuttgart
Sylt
Thüringen
Usedom
Weimar

ÖSTERREICH SCHWEIZ
Kärnten
Österreich
Salzburger Land
Schweiz
Steiermark
Tessin
Tirol
Wien
Zürich

FRANKREICH
Bretagne
Burgund
Côte d'Azur/
Monaco
Elsass
Frankreich
Französische
Atlantikküste
Korsika
Languedoc-
Roussillon
Loire-Tal
Nizza/Antibes/
Cannes/Monaco
Normandie
Paris
Provence

ITALIEN MALTA
Apulien
Dolomiten
Elba/Toskanischer
Archipel
Emilia-Romagna
Florenz
Gardasee
Golf von Neapel
Ischia
Italien
Italienische Adria
Italien Nord
Italien Süd
Kalabrien
Ligurien/
Cinque Terre
Mailand/
Lombardei
Malta & Gozo
Oberital. Seen
Piemont/Turin
Rom
Sardinien
Sizilien/
Liparische Inseln
Südtirol
Toskana
Venedig
Venetien & Friaul

SPANIEN PORTUGAL
Algarve
Andalusien
Azoren
Barcelona
Baskenland/
Bilbao
Costa Blanca
Costa Brava
Costa del Sol/
Granada
Fuerteventura
Gran Canaria
Ibiza/
Formentera
Jakobsweg
Spanien
La Gomera/
El Hierro
Lanzarote
La Palma
Lissabon
Madeira
Madrid
Mallorca
Menorca
Portugal
Spanien
Teneriffa

NORDEUROPA
Bornholm
Dänemark
Finnland
Island
Kopenhagen
Norwegen
Oslo
Schweden
Stockholm
Südschweden

WESTEUROPA BENELUX
Amsterdam
Brüssel
Dublin
Edinburgh
England
Flandern
Irland
Kanalinseln
London
Luxemburg
Niederlande
Niederländische
Küste
Schottland
Südengland

OSTEUROPA
Baltikum
Budapest
Danzig
Krakau
Masurische Seen
Moskau
Plattensee
Polen
Polnische
Ostseeküste/
Danzig
Prag
Slowakei
St. Petersburg
Tallinn
Tschechien
Ungarn
Warschau

SÜDOSTEUROPA
Bulgarien
Bulgarische
Schwarzmeerküste
Kroatische Küste
Dalmatien
Kroatische Küste
Istrien/Kvarner
Montenegro
Rumänien
Slowenien

GRIECHENLAND TÜRKEI ZYPERN
Athen
Chalkidikí/
Thessaloníki
Griechenland
Festland
Griechische Inseln/
Agäis
Istanbul
Korfu
Kos
Kreta
Peloponnes
Rhodos
Sámos
Santorin
Türkei
Türkische Südküste
Türkische Westküste
Zákinthos/Itháki/
Kefalloniá/Lefkas
Zypern

NORDAMERIKA
Chicago und
die Großen Seen
Florida
Hawai'i
Kalifornien
Kanada
Kanada Ost
Kanada West
Las Vegas
Los Angeles
New York
San Francisco
USA
USA Ost
USA Südstaaten/
New Orleans
USA Südwest
USA West
Washington D.C.

MITTEL- UND SÜDAMERIKA
Argentinien
Brasilien
Chile
Costa Rica
Dominikanische
Republik
Jamaika
Karibik/
Große Antillen
Karibik/
Kleine Antillen
Kuba
Mexiko
Peru & Bolivien
Yucatán

AFRIKA UND VORDERER ORIENT
Ägypten
Djerba/
Südtunesien
Dubai
Israel
Jordanien
Kapstadt/
Wine Lands/
Garden Route
Kapverdische
Inseln
Kenia
Marokko
Marrakesch
Namibia
Oman
Rotes Meer & Sinai
Südafrika
Tansania/Sansibar
Tunesien
Vereinigte
Arabische Emirate

ASIEN
Bali/Lombok/
Gilis
Bangkok
China
Hongkong/Macau
Indien
Indien/Der Süden
Japan
Kambodscha
Ko Samui/
Ko Phangan
Krabi/
Ko Phi Phi/
Ko Lanta/
Ko Jum
Malaysia
Myanmar
Nepal
Peking
Philippinen
Phuket
Shanghai
Singapur
Sri Lanka
Thailand
Tokio
Vietnam

INDISCHER OZEAN UND PAZIFIK
Australien
Malediven
Mauritius
Neuseeland
Seychellen

Viele MARCO POLO Reiseführer gibt es auch als eBook – und es kommen ständig neue dazu!
Checken Sie das aktuelle Angebot einfach auf: www.marcopolo.de/e-books

REGISTER

Das Register enthält alle in diesem Reiseführer erwähnten Sehenswürdigkeiten, Museen und Ausflugsziele. Gefettete Seitenzahlen verweisen auf den Haupteintrag. Ziele in Macau sind mit (MA) gekennzeichnet.

Aberdeen 25, **46**, 85
Aberdeen Chinese Permanent Cemetery 47
Academy for Performing Arts 36
Admiralty 28, 29, 91
Affenkolonie 112
Ap Lei Chau 46
Apliu-Street-Flohmarkt 72
Arts Centre 36, **79**
Avenue of Stars 40, 92
Bank of China Tower **35**, 49, 95
Blumen- und Vogelmarkt **45**
Bonham Strand 98
Börse (Exchange Square) 30
Boundary Street 24, 39
Bowen Road 38, 47
Bowrington Street Market 90
Canton Road 94
Cat Street **70**, 91, 98
Causeway Bay 37, 64, 76, 82, 118, 123
Central District 26, 28, 64, 72, 91, 118, 123
Central Escalator 28, 39, 91
Central Government Offices 29
Central Green Trail 33
Central Harbourfront 29
Central Market 28, 91
Central Plaza 36
Central Police Station **30**, 97
Centro Cultural (MA) 110
Chater Garden 96
Chek Keng 53
Chek Lap Kok 118
Cheung Chau **49**, 87, 114
Cheung Kong Centre **35**
Cheung Sha 51
Chi-Lin-Nonnenkloster 47
China Ferry Terminal 119
China Hong Kong City 40, 121
City Hall 29, **79**, 121, 125
City of Dreams (MA) 103, 110
Cityplaza Ice Palace 112
Clear Water Bay 114
Coloane (MA) 102
Cotai (MA) 103, 119
Country Parks 20, 156
Culture Club (MA) 107
Davis Street 76
Des Voeux Road 99
Disneyland 50, **113**
Duddell Street 96
Exchange Square **30**, 91
Fa Yuen Street 45, 72
Fenwick Road 76
Flagstaff House 31, 97
Flughafen **50**, 118
Flughafen (MA) 109, 119
Fortaleza do Monte (MA) 106
Four Seasons 39, 82
French Mission Building 96
Fringe Club 62, 77, **79**, 96
Government House 97
Grand Hyatt 36, **38**
Grand-Prix-Museum (MA) 103
Granville Road 69
Guia-Fort (MA) 101, 104
Guia-Hügel (MA) 102, **104**
Handover Gifts Museum (MA) 107
Happy Valley 29, 37, 39, 52, 90
Harbour City 67
Haus des Mandarins (MA) 101, **106**
Helena May 97
Heritage Discovery Centre 42

Hollywood Park 87, 99
Hollywood Road **70**, 91, 98
Hong Kong Club 95
Hong Kong Cultural Centre **40**, 75, **79**, 125
Hong Kong Island 20, 121, 156
Hong Kong Park 30, 91, 97, 112
HSBC-Hauptgebäude 26, 28, **35**, 95
Hung Hom 124
Hung Shing Ye 50
IFC Mall **30**, 67, 91
Innovation Tower 19
International Commerce Centre **42**, 83
International Finance Centre 29, 34
Jademarkt 40, **73**, 94
Jaffe Road 36, 76
Jardim de Lou Lim Ieoc (MA) 102, 105
Jardim Luís de Camões (MA) 108
K. S. Lo Gallery 31
Kai-Tak-Terminal 119
Kennedy Town 29
Knutsford Terrace 75
Kongress- und Messezentrum 20, 36, 76
Kowloon 15, 24, 39, 67, 74, 82, 83, 118, 121
Kowloon Park **42**, 112
Kun Iam Tong (MA) 105
Kwai Chung 49
Kwun Yum Tong 99
Ladies' Market 45, **70**
Lamma Island 18, **50**, 87
Lan Kwai Fong 38, 96
Langham Place **45**, 68
Lantau 20, **50**, 118
Lantau Peak 51
Lantau Trail 51
Largo do Lilau (MA) 106
Largo do Senado (MA) 100, 101, 104
Las-Vegas-Hotels (MA) 106
Leal Senado (MA) 104
Lebensmittelmarkt/Mong Kok 45, **46**
Lei Yue Mun 51
Lion Rock 39, **47**
Lo So Shing 50
Lock Cha Tea House 73, 97
Lockhart Road 36
Lover's Rock 38
Luk Keng, Reiherreservat 52
Ma Kok Miu (MA) 101, 102, **106**
Macau Ferry Terminal 119
Macau Maritime Ferry Terminal 119
Macau Museum (MA) 106
Macau Tower (MA) 106
MacLehose Trail 52
Magistratsgebäude 97
Mai Po Nature Reserve 51
Man Wa Lane 98
Man-Mo-Tempel 22, **32**, 91, 98
Mandarin Oriental 26, 35, 83, 95
Maritime Museum 33
Midlevels 28
Mong Kok 45, 64, 66
Mount Davis 87
Mui Wo 51
Murray House 49, 91
Museu de Arte (MA) 107
Museu Marítimo (MA) 102, **107**
Museum of Art 27, **42**, 47
Museum of History 27, **42**, 112
Museum of Tea Ware 31, 73

Nan-Lian-Garten 47
Nathan Road 40, 84
New Territories 15, 19, 24, **52**, 118, 121, 123, 124
Ngong-Ping-Plateau 50
Ningpo Street 95
Noon Day Gun 38
Obstgroßmarkt 93
Ocean Centre 68
Ocean Park **47**, 112
Ocean Terminal 40, 119
Old Supreme Court Building 26, **33**, 35, 95
Pacific Place 31, 91
Pak-Tai-Tempel 49
Peak 17, 27, 29, **33**, 63, 92
Peak Tower 33
Peak Tram 33, 92, 97, 123
Peak-Rundweg 33
Peel Street 75
Peninsula Hotel 40, **43**, 83
Pfandhausmuseum (MA) 107
PMQ **34**, 91
Po-Lin-Kloster 50
Podium Garden 39
Port Shelter 53
Portas do Cerco (MA) 108
Possession Street 70, 99
Pottinger Street 97
Prince Edward Road 17
Prince's Building 26
Protestantischer Friedhof (MA) 101, **108**
Pui O 51
Queen's Road 15, 17, 28, 99
Racing Museum 39
Reclamation Street 94
Repulse Bay **48**, 91
Rocky Harbour 53
Rua de Nossa Senhora de Amparo (MA) 110
Sai Kung 53
Sai-Kung-Halbinsel 52
Saigon Street 94
Santo Agostinho (MA) 104
São Domingos (MA) 104
São Paulo (MA) 101, **108**
Science Center (MA) 113
Science Museum 35, **43**, 112
Sha Tin 37, 52, **53**, 115
Shanghai Street 93, 94
Shau Kei Wan 29, 114
Shek Lei Pui Reservoir 112
Sheung Wan 26, 29, 98
Sheung Wan Market 98
Shun Tak Centre 104
Snoopy's World 113
SoHo 74, 75, 76, 91
Sok Kwu Wan 50
Space Museum 44
St. John's Cathedral **34**, 96
Standard Chartered Bank 95
Stanley 48, 91
Stanley Market **71**, 91
Star Ferry 26, 35, 40, 92, 123, 124
Statue Square 28, **34**, 35, 95
Straßenbahn 26, 29, 35, 38, 91, 123
Symphony of Lights 75, 92
Tai Long Wan 53
Tai Mo Shan 52
Tai O 50
Tai Po 52
Taipa (MA) 52, **109**
Taipa Ferry Terminal 119

Tap Mun 52
Teatro Dom Pedro (MA) 104
Tempel der 10 000 Buddhas 53
Tempel der Sikhs 90
Temple Street 40, 64, 70, **72**, 74, **79**, 92, 94
Times Square 37, 67, 68
Tin-Hau-Tempel/Stanley 49, 91
Tin-Hau-Tempel/Yau Ma Tei 40, **44**, 72, 79, 87, 93
Tolo Harbour 52
Tsim Sha Tsui 40, 75, 85, 118, 123
Tsing-Ma-Brücke 50
Tung Chung 51
Uhrturm/Tsim Sha Tsui 40
Venetian, The (MA) 103, 110, 117
Victoria Harbour 49
Victoria Park 37, **39**, 47, 76, 85, 89, 114
Wan Chai 36, 75, 124, 156
Wan Chai Gap 47
Wan-Chai-Markt 37, **39**
Weinmuseum (MA) 103
Western Market 29, **36**, 73, 91, 98
Wilson Trail 52
Wing Kut Street 73
Wong Shek 53
Wong-Tai-Sin-Tempel 49
Woosung Street 95
Wun Sha Street 115
Wyndham Street 70, 96
Yau Ma Tei 26, 40
Yau Ma Tei Police Station 94
Yung Shue Wan 50
Zierfischmarkt/Mong Kok 45
Zoo 36, 84, 112
Zoological and Botanical Gardens 36

SCHREIBEN SIE UNS!

Egal, was Ihnen Tolles im Urlaub begegnet oder Ihnen auf der Seele brennt, lassen Sie es uns wissen! Ob Lob, Kritik oder Ihr ganz persönlicher Tipp – die MARCO POLO Redaktion freut sich auf Ihre Infos.

Wir setzen alles dran, Ihnen möglichst aktuelle Informationen mit auf die Reise zu geben. Dennoch schleichen sich manchmal Fehler ein – trotz gründlicher Recherche unserer Autoren/innen. Sie haben sicherlich Verständnis, dass der Verlag dafür keine Haftung übernehmen kann.

MARCO POLO Redaktion
MAIRDUMONT
Postfach 31 51
73751 Ostfildern
info@marcopolo.de

IMPRESSUM
Titelbild: Nathan Road, Straßenbahn und Busse (Look/Nordic Photos)
Fotos: DuMont Bildarchiv: Riehle (114); R. Freyer (11, 30, 32, 36, 38, 53, 100/101, 102, 112, 117); T. Haltner (4 o., 26/27, 44, 46); huber-images: Cozzi (8, 14/15), Eisele-Hein (7), Gräfenhain (Klappe r., 12/13, 130/131), J. Lawrence (2); Laif: Celentano (60 l.), Riehle (112/113); Look/Nordic Photos (1 o.); mauritius images: Vidler (Klappe l.), S. Vidler (20/21, 40, 66, 114/115), J. Waarburton-Lee (18 u.); mauritius images/age (61); mauritius images/age fotostock: L. Vallecillos (110); mauritius images/Alamy (3, 4 u., 6, 9, 17, 19 u., 34, 42, 48, 54/55, 56, 59, 60 r., 63, 64/65, 71, 88/89, 93, 97, 116 o., 116 u.); S. Hamblin (18 u.), P. Horree (24), P. Jonsson (108), L. Lilac (78), S. Vidler (76); mauritius images/Alamy/ Zoonar AG (115); mauritius images/Alamy/Osb70 (85); mauritius images/Alamy/robertharding (22/23); mauritius images/Alamy/RosalreneBetancourt 3 (69); mauritius images/imagebroker: Tack (10, 80/81, 82); Mountain Yam: Timothy Leung (18 M.); C. Nowak (105, 107, 113); Para/Site Art Space: Joo Choon-Lin (19 o.); H.-W. Schütte (1 u.); T. Stankiewicz (51); White Star: M. Gumm (5, 74/75)

16., aktualisierte Auflage 2017
© MAIRDUMONT GmbH & Co. KG, Ostfildern
Chefredaktion: Marion Zorn
Autor: Dr. Hans-Wilm Schütte; Redaktion: Franziska Kahl
Verlagsredaktion: Stephan Dürr, Lucas Forst-Gill, Susanne Heimburger, Nikolai Michaelis, Martin Silbermann, Kristin Wittemann; Bildredaktion: Gabriele Forst
Im Trend: Dr. Hans-Wilm Schütte; wunder media, München
Kartografie Reiseatlas: © MAIRDUMONT, Ostfildern; Kartografie Faltkarte: © MAIRDUMONT, Ostfildern
Gestaltung Cover, S. 1, Faltkartencover: Karl Anders – Büro für Visual Stories, Hamburg; Gestaltung innen: milchhof:atelier, Berlin; Gestaltung S. 2/3, Erlebnistouren: Susan Chaaban Dipl.-Des. (FH)
Sprachführer: Dr. Hans-Wilm Schütte, in Zusammenarbeit mit Ernst Klett Sprachen GmbH, Stuttgart, Redaktion PONS Wörterbücher
Das Werk einschließlich aller seiner Teile ist urheberrechtlich geschützt. Jede urheberrechtsrelevante Verwertung ist ohne Zustimmung des Verlags unzulässig und strafbar. Das gilt insbesondere für Vervielfältigungen, Übersetzungen, Nachahmungen, Mikroverfilmungen und die Einspeicherung und Verarbeitung in elektronischen Systemen.
Printed in Poland

BLOSS NICHT ☝

Ein paar Dinge, die Sie sich in Hongkong nicht antun sollten

AUF BILLIGANGEBOTE HEREINFALLEN

Sie wollen eine Kamera kaufen, stellen Preisvergleiche an, entscheiden sich für ein extragünstiges Angebot und bemerken hinterher, dass die Garantie nur in Hongkong gilt oder man Ihnen statt des lichtstarken Objektivs ein lichtschwächeres untergejubelt hat. Lassen Sie sich auf auffallende Billigangebote am besten gar nicht erst ein. Niemand wird Ihnen etwas unter dem Selbstkostenpreis überlassen. Skepsis allein genügt nicht, denn mit welchem Trick ein Händler vorgeht, ist nicht von vornherein durchschaubar. Deshalb sollten Sie teure Einkäufe auch keinesfalls bis auf den letzten Urlaubstag verschieben.

EINTAGESFAHRTEN ÜBER DIE GRENZE MACHEN

Kurztrips über die Grenze nach Shenzhen, Kanton und Macau bringen in den meisten Fällen mehr Stress als Freude. Der Effekt steht in einem schlechten Verhältnis zu Kosten und Aufwand. Kanton ist durchaus eine Reise wert, wird aber erst ab einer Übernachtung richtig schön. Das gilt genauso für Macau, ein oft unterschätztes Ziel, dessen Atmosphäre zu erschnuppern mehr Zeit erfordert, als bei dem üblichen Tagesausflug drin ist.

DEN SCHLEPPERINNEN FOLGEN

Betroffen sind nur Männer, vor allem einzelne: Vor einschlägigen Wan-Chai-Bars gehen Damen auf Kundenfang. Ein Plakat verspricht echt billiges Bier. So kommt es dann auch, nur kostet die kurze Plauderei mit der leicht geschürzten Kellnerin ein Vielfaches. Oder der Drink für die Gesellschafterin, die sich an den Tisch setzt, lässt die Kasse klingeln. Protestieren nützt nichts: Die wahren Tarife sind versteckt ausgehängt, der Geneppte muss blechen.

SCHNELLFÄHREN BENUTZEN

Die Schnellfähren nach Cheung Chau und Mui Wo sind zweifellos für Pendler gut, aber touristisch unattraktiv: Sie haben kein Sonnendeck und sind teurer. Man kann nicht einmal richtig aus dem Fenster sehen und erlebt die tolle Stadt- und Hafenszenerie nur durch gischtbespritzte Scheiben. Wenn es irgendwie geht, nehmen Sie die großen, langsameren alten Fähren. Sie bieten am Heck vom offenen oberen Deck aus ein fotogenes Hongkong-Panorama.

AM WOCHENENDE AUSFLÜGE UNTERNEHMEN

Bei schönem Wetter stopft sich halb Hongkong ab Samstagmittag in sämtliche verfügbaren Verkehrsmittel, um raus ins Grüne zu fahren. Wer mitfährt, steht überall Schlange, hat am Strand womöglich das gleiche Gedränge wie in der Stadt und blecht noch dazu teure Wochenendzuschläge. Wandern Sie lieber in den Country Parks von Hong Kong Island. Für Trips nach Macau gilt Entsprechendes. Am Sonntagabend haben Sie außerdem Probleme, von dort wieder zurückzukommen.